LECCIONES BÍBLICAS ESPECIALES PARA LA ESCUELA DOMINICAL

Por Lois Keffer
Traducido y adaptado por Miguel Mesías E.

EDITORIAL ACCIÓN
Loveland, Colorado, EE. UU.

Editor general: Esteban Saavedra
Traducción y adaptación: Miguel A. Mesías E.
Diseño: Dori Walker
Diseño de la portada: Liz Howe, adaptado por Randal Miller Design
Ilustraciones: Raymond Medici
Realización gráfica: Melvin Rivera, Jr., Agora Communications

Excepto cuando se indica, todas las citas bíblicas son tomadas de *Dios Habla Hoy*, la Biblia en versión popular ©1966, 1970, 1979, 1983, o de *La Santa Biblia* versión Reina-Valera Revisión de 1960 , ©1960 Sociedades Bíblicas en América Latina. Usadas con permiso.

Library of Congress Cataloging-in-Publication Data
Keffer, Lois.
(Sunday School Specials. Spanish)
Lecciones bíblicas especiales para la Escuela Dominical / por Lois Keffer; traducido por Miguel Mesías; editor general, Esteban Saavedra.
p.   cm.
ISBN 1-55945-669-8 (pbk.)
1. Christian education—Textbooks for children. 2. Bible—Study and teaching. 3. Christian education of children. I. Saavedra, Esteban. II.Title.
BV1561.K3818   1996
268.432—dc20   95-52961
                                                                                          CIP

10 9 8 7 6 5 4 3   06 05 04 03 02 01 00 99

Impreso en EE. UU.
Printed in U. S. A.

Índice

LAS LECCIONES

ASUMIENDO LA RESPONSABILIDAD POR...

Mi relación con Dios

Mis sentimientos

Mis relaciones con otros

Cómo aprender a conocer a Dios

Introducción

Había una vez una directora de Escuela Dominical que le tenía pavor a las vacaciones. No era que se opusiera a la diversión ni cosa parecida; el problema era que cuando las vacaciones llegaban, la Escuela Dominical se volvía impredecible. Un domingo había ocho niños en una clase, mientras que el siguiente domingo sólo aparecían dos. La siguiente semana alguien traía consigo a 10 primos, y algunos de los niños tenían que sentarse en el suelo. Y por supuesto, el día en que los 10 primos venían de visita, era el mismo domingo en que todos los demás maestros de la Escuela Dominical habían salido de vacaciones. ¿Qué hacer?

Un día alguien de la congregación dijo: "Reunamos a los niños en una sola clase, y preparemos una lección bíblica creativa con el grupo entero." Ese fue el comienzo de toda una serie de cosas maravillosas. Los niños empezaron a querer asistir a la Escuela Dominical, porque sabían que no sería la misma rutina de siempre. Los más pequeños recibían mucha atención de parte de los alumnos mayores. Y a los niños mayores les encantaba ayudar y que otros les vieran como ejemplos.

Los maestros también se entusiasmaron. Todo mundo se comprometió a enseñar uno o dos domingos. El resto de las vacaciones podían asistir a su clase regular de Escuela Dominical, o descansar algo de sus responsabilidades regulares. Es más, el concepto de clases combinadas marchó tan bien que algunas de las clases de adultos en la Escuela Dominical empezaron a sentirse un poco celosas. La directora preparó un par de lecciones bíblicas para clases combinadas para las vacaciones, e invitó a que asistiera a ellas cualquier persona que quisiera.

"¿Por qué tener estas clases combinadas sólo cuando hay vacaciones escolares?" preguntaron algunos maestros. ¿Por qué, en verdad? De modo que empezaron a usar las lecciones para clases combinadas cada vez que había días feriados, ausencias de maestros, y en otros domingos cuando las lecciones regulares presentaban algún dilema o dificultad especial.

Las experiencias gratas y memorables de aprendizaje en aquellas clases combinadas dieron nacimiento a la idea de *Lecciones bíblicas especiales para la Escuela Dominical*. En este libro usted hallará todo un trimestre de lecciones bíblicas creativas, para clases combinadas, que usted puede usar en las vacaciones, o en cualquier ocasión.

Cada lección contiene un juego o actividad de apertura, que le ayudará a captar la atención de los niños, y dirigirla al tema. También hallará una historia bíblica interactiva, una actividad de aplicación a la vida, y una hoja suelta reproducible que ayudará a los niños a aplicar a sus propias vidas lo que la Biblia dice. Cada lección concluye con un reto o desafío significativo.

Dentro de cada lección le haremos saber qué esperar de los niños de diferentes edades, y le daremos consejos sobre cómo lograr que los niños trabajen juntos. Además hallará ideas especiales para adaptar cada lección bíblica a las necesidades de sus alumnos. Los métodos de aprendizaje activo y de participación personal, le hará más fácil captar y mantener el interés de los niños. Y usted puede estar seguro de que recordarán por largo tiempo las lecciones bíblicas que aprendan.

Además de su conveniencia para usarse en la Escuela Dominical, estas lecciones le servirán muy bien para aquellas otras ocasiones cuando de seguro tendrá niños de variada edad, e incluso jóvenes y adultos. Estudios bíblicos en los hogares, clubes bíblicos de patio, estudios bíblicos de extensión o alcance, Escuelas Bíblicas de Vacaciones, o cultos entre semana, son apenas unas pocas de las posibilidades.

Usted tiene en sus manos un recurso maravilloso que puede ayudarle a resolver algunos de los dilemas que se presentan algunos domingos. De modo que aventúrese a probar un método nuevo. Queremos ayudarle a que usted logre que su Escuela Dominical, o cualquier otra ocasión en que necesite usar este material, sea verdaderamente especial.

Aprendizaje activo en clases combinadas

La investigación demuestra que las personas recuerdan más de lo que hacen, y apenas una fracción muy pequeña de lo que oyen. ¡Esto quiere decir que los niños no aprenden mejor estando sentados alrededor de una mesa mientras usted habla! Necesitan participar directamente en actividades dinámicas que contribuyan a que la verdad de la lección cobre vida. El aprendizaje activo incluye la enseñanza por medio de experiencias.

Los estudiantes hacen cosas que les ayudan a comprender principios, mensajes e ideas importantes. El aprendizaje activo es un proceso de descubrimiento que ayuda a los alumnos a apropiarse de la verdad conforme ésta se desdobla. Los niños y niñas no se sientan inmóviles para oír a un profesor decirles lo que deben pensar y creer; lo descubren por sí mismos.

A cada experiencia de aprendizaje activo le siguen varias preguntas que estimulan a los niños a decir lo que sienten respecto a lo que acaban de experimentar. Preguntas adicionales para el diálogo ayudan a los niños a interpretar lo que sienten y decidir cómo afecta a sus vidas la verdad que han estudiado. La parte final de cada lección presenta a los niños y niñas un reto o desafío para que decidan lo que harán con lo que han aprendido, y cómo aplicarlo a sus vidas durante la semana siguiente.

¿Cómo se sienten los niños respecto al aprendizaje activo? ¡Les encanta! La Escuela Dominical se vuelve emocionante, un poco impredecible, y más relevante y transformadora que nunca. De modo que, ¡haga a un lado la mesa, consiga sus materiales, y prepare algunas experiencias de aprendizaje memorables y singulares!

El aprendizaje activo funciona maravillosamente en clases combinadas. Cuando el grupo está jugando algún juego, o interpretando dramáticamente alguna historia bíblica, pueden participar niños de toda edad, con igual oportunidad. No tiene por qué preocuparse por niveles de lectura o habilidades para escribir. Toda persona tiene la oportunidad de contribuir en forma significativa a las actividades y diálogo en la clase.

Los siguientes consejos sencillos respecto al salón de clase le ayudarán a que su clase combinada empiece con el pie derecho:

● Cuando los niños formen grupos, procure que haya equilibrio en los grupos, con igual número de niños mayores y más pequeños. Anime a los niños mayores a actuar como entrenadores o dirigentes, para ayudar a los más pequeños a participar en cada actividad.

● En las actividades de "parejas" los niños trabajan con otro niño o niña como pareja. Cuando es tiempo de informar al grupo entero, cada uno dice la respuesta de su compañero o compañera. Este método sencillo enseña a los niños a escuchar con atención y a cooperar entre sí.

● Si una actividad pide que se lea o que se escriba, forme parejas agrupando a un niño pequeño con otro mayor, el cual puede ayudar cuando se trata de leer o escribir. Los niños mayores disfrutan el elogio que significa servir como mentor, y los niños más pequeños aprecian la atención especial que se les brinda y la ampliación de su conocimiento.

● No se preocupe demasiado pensando que el diálogo está por encima de la comprensión de los estudiantes más pequeños. A ellos les animará lo que oyen decir a los niños mayores. Usted tal vez se sorprenda hallar que el diálogo más perspicaz brota literalmente "de la boca de los niños."

● Hágase el propósito de dar a toda persona una oportunidad de destacarse, y no sólo a los estudiantes académica o atléticamente aventajados. Cuando vea a los niños trabajando juntos y estimulándose mutuamente, asegúrese de elogiarlos y darles una palabra de afirmación personal por su actitud de cooperación.

● Tenga presente que los niños pueden dar respuestas inesperadas. Eso está bien. Las respuestas que se dan en paréntesis después de las preguntas son sencillamente sugerencias de lo que los niños tal vez podrían decir, y no son la "única respuesta correcta." Cuando los niños dan respuestas "equivocadas," no corrija. Diga algo así como: "Eso suena interesante. Mirémoslo desde otro punto de vista." Luego pida ideas de otros niños. Si corrige las respuestas que dan los niños, la mayoría pronto dejará de contestar.

Cómo usar
Lecciones bíblicas especiales para la Escuela Dominical

Maestros

Cuando se combinan clases de Escuela Dominical lo más probable es que sobren maestros. Si esto ocurre varios domingos, los maestros regulares tal vez quieran turnarse para enseñar, a fin de descansar. Una alternativa es pedir que los maestros indiquen el domingo en que pueden comprometerse a enseñar.

Cómo escoger la lección

Las lecciones en *Lecciones bíblicas especiales para la Escuela Dominical* están agrupadas en unidades, pero cada lección está diseñada para servir individualmente. No tiene ninguna obligación de enseñar las lecciones en un orden particular. Seleccione los temas que mejor se acoplen a las necesidades de su clase. Dos de las lecciones contienen sugerencias para un enfoque multigeneracional, con la opción de invitar a la clase a los padres y otros adultos de la congregación. Usted tal vez quiera programar estas lecciones para algunos domingos especiales en el calendario de su iglesia.

Preparación

Cada semana usted necesitará conseguir los materiales que se indican en la sección "Necesita," y duplicar o fotocopiar las hojas sueltas o gráficos que se indican. Si no tiene facilidad de duplicar o fotocopiar, puede darle a sus niños hojas de papel en blanco, y pedirles que dibujen o copien el gráfico o leyendas que se indican en las hojas sueltas sugeridas. Las hojas y gráficos por lo general no son indispensables para el desarrollo de la lección. Asimismo, use su imaginación e inventiva para adaptar la lección, y conseguir los materiales que tenga a su alcance. Reemplace, sustituya o busque otros artículos que le servirán.

Además, en su preparación es completamente indispensable que lea cuidadosamente la lección y los pasajes bíblicos. Con esto, ¡ya está listo!

Para cuando tenga tiempo extra

¿Qué hacer cuando los niños llegan quince minutos antes de la clase? ¿O cuando un grupo termina una actividad antes que los demás? ¿Qué hacer cuando le sobra tiempo después de concluir la lección? ¡Involucre a los niños en una de las siguientes actividades que se sugieren para cuando tenga tiempo extra!

Cada una de estas actividades necesita una sola preparación; y entonces queda lista para usarse cuando la necesite. Seleccione la actividad que mejor se ajuste al interés de su grupo, o prepare las dos.

Cordel de oración

Se necesita dos pedazos de cuerda o alambre para cordel, pinzas de ropa (de madera o recortadas en papel), marcadores o lápices, tarjetas de archivador o papel recortado en pedazos iguales (una hoja tamaño carta dividida en cuatro pedazos), alfileres o cinta adhesiva si usa las pinzas recortadas en papel y varios pedazos de cuerda o estambre. Cuelgue los dos cordeles diagonalmente en el salón de clases. Con pinzas de ropa cuelgue en un cordel un letrero que diga: "Cordel de oración." En el otro cordel cuelgue un letrero que diga: "Cordel de alabanza." A intervalos cuelgue en el cordel lápices o marcadores sujetos con un pedazo de cuerda o estambre. Anime a los niños a escribir sus peticiones de oración en las tarjetas y fijarlas en el cordel usando las pinzas de ropa. De tiempo en tiempo lleve la clase a visitar el Cordel de oración, y a orar por las peticiones anotadas. Cuando una petición es contestada, los alumnos pueden escribir la respuesta en el reverso de la tarjeta, y colocarla en el Cordel de alabanza.

Explique a la clase que cualquier persona puede añadir alabanzas adicionales cada vez que lo desee, ¡aun cuando no tenga que ver con algo que se ha anotado como petición de oración!

Tablero de vacaciones

Necesitará un tablero de corcho, tarjetas postales, alfileres o tachuelas, y palmas recortadas en papel de colores. En lugar del tablero de corcho, puede usar un cartón corrugado. Coloque el tablero o cartón en la pared, a una altura apropiada para que lo alcance incluso el niño más pequeño de su grupo. Decórelo con las palmas de papel de colores y unas pocas tarjetas postales.

Anime a los niños a traer tarjetas postales, panfletos, fotografías, dibujos o recortes de los lugares que han visitado, sea de vacaciones o en excursiones especiales. Los niños disfrutarán relatando sus experiencias y al saber lo que los demás compañeros de clase han estado haciendo.

11

Mi relación con Dios

Jesús, nuestro Pastor

1

META DE LA LECCIÓN

Ayudar a los niños a comprender que Jesús quiere darnos dirección y protección cariñosa.

OBJETIVOS

Los niños:
- aprenderán que Jesús es amable y cariñoso, y que desea lo mejor para ellos;
- comprenderán que Jesús puede estar muy cerca de ellos cuando se sienten separados o perdidos;
- confiarán en que Jesús les guiará; y
- se comprometerán a seguir a Jesús.

BASE BÍBLICA

Salmo 23

Este salmo debe ser leído desde el punto de vista de una oveja. Nótese cómo la oveja se deleita en su maravilloso pastor. La oveja no tiene temor con el pastor cerca, aun cuando deba cruzar quebradas difíciles y llenas de peligros, para llegar a los potreros verdes.

Jesús se complace con esta clase de dependencia y confianza total de parte nuestra. La sociedad nos enseña a ser fuertes y confiados en nosotros mismos. Sin embargo, la Biblia nos muestra que somos verdaderamente

NECESITA

- ❏ vendas para los ojos
- ❏ una niña mayor para que haga de Copito de Lana
- ❏ una copia o dibujo de la "Máscara de Copito de Lana" (p. 23)
- ❏ tijeras
- ❏ papel periódico o pizarrón
- ❏ marcadores o lápices (o tiza)
- ❏ cinta adhesiva
- ❏ Biblias
- ❏ copias de la hoja de ejercicios "Mi salmo" (p. 24). Si no puede fotocopiar la hoja, escriba las leyendas en el pizarrón, o escríbalas en un cartelón

fuertes y estamos seguros sólo cuando estamos cerca de nuestro Buen Pastor.

Juan 10:1-15

Las ovejas conocen la voz del pastor, y Él las conoce por nombre. Qué maravillosa seguridad es para los niños darse cuenta de que Jesús los conoce a cada uno por nombre. El desafío es aprender a escuchar su voz.

COMPRENDIENDO A SUS ALUMNOS

¿Quién no recuerda por lo menos una aterradora experiencia de la infancia, al sentirse perdido? Primero hay pánico, luego soledad, y entonces el aplastante pensamiento de que probablemente no hay nada que uno pueda hacer para "que lo encuentren." La experiencia de perderse en un centro comercial le enseña a los niños la importancia de mantenerse siempre junto a la persona mayor.

La preocupación más intensa de los niños más pequeños es que de alguna manera los separen de sus padres. Ellos se sentirán más seguros al saber que tienen un buen Pastor que los cuida y que siempre estará con ellos, incluso cuando mamá y papá estén lejos.

Los niños mayores sienten recelo de crecer y de afirmar su independencia, y eso es natural y saludable, en cierta medida. Pero necesitan ver que la verdadera madurez significa reconocer cuánto necesitamos descansar en Dios. Y eso quiere decir seguir en las pisadas de nuestro infinitamente sabio y amante Buen Pastor.

La lección

PARA CAPTAR LA ATENCIÓN

La oveja perdida

Use sillas para cercar una esquina del salón de clases como si fuera un "redil" o corral. Asegúrese de que el redil tiene una entrada no más grande que el ancho de una silla. Explique que al anochecer las ovejas siempre entran al redil, en donde quedan protegidas de los lobos, otras bestias salvajes, o ladrones.

Vende los ojos de todos los niños. Uno por uno, lleve a las "ovejas" con los ojos vendados al "desierto," o sea, lugares alejados del redil. Lleve a los niños mayores más lejos que los niños más pequeños. Haga las cosas un poco más confusas, inventándose vueltas y rodeos mientras los aleja del redil. Hágales dar tres vueltas, y luego indíqueles que deben tratar de regresar al redil.

Si los niños parecen estar totalmente confundidos, y no pueden encontrar el camino de regreso, tómelos con suavidad por los hombros y encamínelos en la dirección correcta. Mientras los guía, diga: **Por aquí, (nombre del niño o niña). Por aquí se va al redil.**

Cuando todo mundo esté reunido en el redil, pida que se quiten las vendas de los ojos. Pregunte:

● **¿Cómo se sintieron al tratar de hallar el camino de regreso al redil?** (Asustado; confundido; fue divertido.)

● **¿En qué se parece esta experiencia a lo que ocurre en la vida real cuando uno se pierde?** (Estaba asustado y no sabía dónde ir; por lo general alguien se ofrece para ayudarnos.)

● **¿De qué manera es esto diferente a perderse en la vida real?** (Sabía que estaba realmente en la Escuela Dominical; todo lo que tenía que hacer era quitarme la venda de los ojos.)

● **¿Cómo se sintieron cuando el pastor se acercó para ayudarles?** (Me tranquilicé; me gustó oír mi nombre y que me ayudaran.)

● **¿De qué manera es Jesús nuestro Pastor?** (Nos conoce por nombre; sabe qué es lo mejor para nosotros y quiere ayudarnos y protegernos.)

Diga: **Hoy vamos a aprender más acerca de nuestro Buen Pastor y acerca de las ovejas. Díganme qué saben acerca de las ovejas.** Permita que los niños respondan. **¡En realidad saben mucho! Les voy a presentar a alguien que les dirá más acerca de las ovejas, ¡y debe saberlo, porque es una oveja! Por favor, un aplauso de bienvenida para mi amiga Copito de Lana.**

Pida que la estudiante que se ofreció para hacer de Copito de Lana sostenga la máscara (p. 23) frente a su cara y lea el relato "¡Conozcan a Copito de Lana!" que se halla en la página 18.

Pida que los niños den un aplauso a Copito de Lana. Luego pregunte:

¡Conozcan a Copito de Lana!

¡Conozcan a Copito de Lana!

¡Beeee!

Me llamo Copito de Lana. Soy una oveja. Muchas personas piensan que las ovejas son realmente tontas. ¡Tienen razón! Los pavos pueden ser algo tontos, pero las ovejas son mucho más tontas.

¿Sabían ustedes que yo podría morirme de sed, incluso si hay un lago apenas al otro lado de la siguiente colina? Las ovejas no pueden oler el agua, como lo pueden hacer otros animales. No tengo sentido de dirección. Nunca podría hallar mi camino de regreso a casa. ¡Ni siquiera tengo suficiente sentido de dirección como para escapar de una tormenta!

Casi no tengo defensas. Si un lobo o leopardo me ataca, simplemente me quedo quieta esperando que me maten y me coman.

Tampoco soy sagaz en la manera en que como. Tengo realmente muy buenos dientes (muestre los dientes), y puedo arrancar la hierba hasta las raíces. Si se lo permiten, mi rebaño puede pelar por completo un potrero entero en pocos días, y dejarlo inservible para el pastoreo por años.

Lo más bochornoso de ser una oveja es caerse y no poder levantarse. Si me caigo y me volteo sobre mi lomo, lo más probable es que me quede atascada en esa posición, y sin poder hacer nada hasta que alguien venga y me rescate.

Probablemente se preguntarán cómo un animal tan bobo puede sobrevivir. ¡Buena pregunta! La verdad es que dependo de mi pastor para todo: comida, agua, refugio y protección. No podría salir adelante sin mi pastor.

Sé que ustedes, los seres humanos, piensan que son mucho más listos que yo. Pero he visto que los seres humanos también necesitan mucha ayuda. Pienso que algunas veces ustedes, los seres humanos, sencillamente se cubren los ojos con lana. No quiero parecer pretenciosa, ¡pero me parece que ustedes necesitan un pastor tanto como yo!

● **¿Qué les sorprendió de lo que dijo Copito de Lana?** (Las ovejas se pueden caer y no poder levantarse; no pueden oler el agua, como otros animales.)

● **Copito de Lana piensa que las personas necesitan pastores, también; ¿por qué la gente necesita un pastor?** (Algunas veces la gente se enferma y necesita ayuda; la gente tiene problemas serios en la vida y necesita la ayuda de alguien sabio y fuerte.)

● **¿Qué clase de pastor piensan ustedes que le gustaría a Copito de Lana tener?** (Alguien paciente; fuerte; valiente; que sabe dónde hallar buena comida.)

Conforme los niños responden a esta última pregunta, anote las respuestas en la hoja de papel periódico o en el pizarrón. Luego pregunte:

● **¿Qué clase de pastor les gustaría tener a ustedes?** (Alguien que me comprenda y me cuide; alguien a quien pueda ir cuando estoy asustado.)

Anote las respuestas en la hoja de papel periódico o en el pizarrón.

Pregunte:

● **La Biblia nos habla de alguien que quiere ser nuestro Buen Pastor; ¿puede alguien que tenga menos de 6 años decirme quién es este Pastor?** (Jesús.)

Diga: **Veamos cuán bien resulta este Pastor, al compararlo con la lista que hemos preparado.**

ESTUDIO BÍBLICO

El Buen Pastor (Salmo 23; Juan 10:1-15)

Reúna a todos los niños dentro del redil. Pida que un voluntario haga de ladrón y otro de lobo. Los demás serán ovejas. Cada vez que usted diga la palabra "pastor" todas las ovejas deben sonreír y balar: "Beeee." El ladrón y el lobo deben darse la vuelta y ocultar la cara. Pídales que escuchen con cuidado la lectura de la historia bíblica, y que interpreten con exactitud sus partes, cuando les toque.

Lea Juan 10:1-15, usando su mejor talento para contar historias. Asegúrese de usar una versión de la Biblia que los niños puedan entender fácilmente. Haga hincapié en el "pastor" de modo que los niños puedan captar las señales.

Después de la historia, pida que se sienten en círculo. Pregunte:

● **¿Qué es lo que más les gustó acerca del Buen Pastor?** (Me gusta saber que él conoce a sus ovejas por

Si tiene tiempo suficiente y los niños están disfrutando de esta actividad, permita que cada grupo le enseñe a los demás sus señas e interpretación. Luego haga que los niños practiquen interpretando el salmo entero. Anime a los niños a presentar la interpretación del salmo ante sus padres más tarde ese mismo día.

nombre; me gusta cómo él protege las ovejas de los lobos y ladrones.)

● **¿Cómo se sentirían si tuvieran un pastor así?** (Seguros; contentos.)

● **¿De qué manera es Jesús como el buen pastor de este relato?** (Nos cuida y nos da lo que necesitamos; dio su vida por nosotros.)

● En el relato, el pastor protegió a las ovejas de los lobos y ladrones. **¿Respecto a qué cosas malas y que asustan puede ayudarnos Jesús hoy?** (Separarme de papá y mamá; al tratar a otros compañeros en la escuela; cuando me enfermo.)

● **¿De qué manera es tener a Jesús en sus vidas como tener un Buen Pastor?** (Puedo acudir a él en oración cuando me siento asustado o cuando otros niños me molestan.)

Ahora pida que los niños busquen el Salmo 23. A los niños menores que todavía no saben leer les encantará tener la Biblia abierta junto con otros que sí saben leer.

Diga: **Hoy vamos a hacer algo divertido y diferente con este salmo.**

Pida que los niños formen seis grupos. Un grupo puede estar formado de uno o dos niños o niñas. Incluya en cada grupo niños menores y mayores.

Asigne a cada uno de los seis grupos un versículo del Salmo 23, y pídales que se inventen lenguaje de señas para expresar lo que dice ese versículo. Anime a los niños y niñas a usar todo el cuerpo para expresar el significado del versículo que les tocó.

Conceda un par de minutos para que hagan sus planes. Luego reúna de nuevo al grupo entero, y coloque a los grupos por orden de los versículos. Lea el salmo en voz alta, mientras los niños interpretan sus versículo.

Pregunte:

● **¿Cómo se sintieron al interpretar el versículo que les tocó?** (Contentos; emocionados.)

● **¿Qué sienten respecto a Jesús al interpretar este salmo?** (Me hace amarle más; quiero estar cerca de Él; me siento contento de tener alguien fuerte que siempre está conmigo.)

Diga: **Espero que recordarán qué bien se sintieron al observar este salmo. También recuerden que el salmo no promete que jamás nos ocurrirá algo malo. Lo que sí promete es que nuestro Buen Pastor estará con nosotros en los tiempos buenos y en los tiempos malos, y que siempre hará que las cosas resulten bien al final.**

APLICACIÓN A LA VIDA

Salmos para el Pastor

Déle a cada niño una copia de la hoja de ejercicios "Mi salmo" (p. 24) y un lápiz. Si no puede copiar la hoja, déle a cada niño una hoja de papel, y un lápiz, y exhiba el cartelón (si lo preparó) o escriba las frases en el pizarrón.

Diga: **Cada uno de ustedes puede escribir un salmo personal y decirle a Jesús lo que sienten respecto a Él. Usaremos el dibujo de las ovejas más tarde.**

Circule entre los niños mientras éstos trabajan, dándoles ideas, animándoles, y ayudando a los que tienen dificultad. Pida luego que algunos de los niños lean en voz alta los salmos que han compuesto. Elógielos por el amor y cariño que han expresado para Jesús y por su creatividad.

CONSAGRACIÓN

El rebaño de Jesús

Dirija la atención de los niños a las características de un Buen Pastor que ellos han señalado según la lista que prepararon anteriormente. Pida que los niños más pequeños que pueden leer, alcen la mano si quieren leer alguna de las palabras de la lista. Pídales que pasen al frente por turno, que señalen la palabra que seleccionaron, y que la lean.

Para cada característica, pregunte:

● **¿Es Jesús así? ¿Por qué sí o por qué no?**

Cuando haya recorrido toda la lista, pregunte a la clase:

● **¿Quieren ustedes que Jesús sea su Pastor? ¿Por qué sí o por qué no?**

Pida que un niño o niña de 7 u 8 años pase al frente y dibuje un cuadro de Jesús en una hoja de papel periódico o en el pizarrón. Pida que un niño mayor escriba en el cuadro el título "Nuestro Buen Pastor." Distribuya tijeras y lápices. Luego pídales que recorten una oveja de su hoja "Mi salmo."

Diga: **Escriban su nombre en sus ovejas. Luego tráiganla al frente y péguenla con cinta adhesiva en el cuadro, cerca a Jesús.**

Distribuya pedazos de cinta adhesiva conforme los niños pasan con sus ovejas recortadas. Cuando hayan reunido todo el "rebaño" en la hoja de papel o en el pizarrón, pregunte:

● **¿Qué pueden hacer ustedes para estar cerca del Buen Pastor esta semana?** (Cantar cantos que me hagan recordar a Jesús; orar; leer la Biblia o escuchar historias bíblicas; pedirle a Jesús que esté conmigo cuando estoy asustado.)

Pida que cada niño recorte la otra oveja de su hoja de ejercicios "Mi salmo" y que escriba en la oveja recortada una cosa que hará esta semana para estar cerca de Jesús. Los niños más pequeños pueden dibujar algo en lugar de escribir. Anime a los niños a mostrar a sus padres su oveja recortada, y a que conversen con ellos sus planes para estar cerca del Buen Pastor.

CONCLUSIÓN

Gracias al Pastor

Dirija a los niños a cantar un canto que hable del Buen Pastor, u otro canto que hable de Jesús. Luego reúnalos en un solo grupo para la oración de conclusión, agradeciendo a Dios por cuidarlos y por ser su Buen Pastor.

MÁSCARA DE COPITO DE LANA

Recorte esta máscara y
también los agujeros para
los ojos.
Puede pegar la máscara en
cartulina y pegarla a una
regla o varita de madera a
modo de mango.

MI SALMO

Componga su propio salmo completando las siguientes frases.

Debido a que el Señor es . . .

Nunca . . .

Señor, Tú eres . . .

Gracias, porque yo siempre . . .

Cómo nos habla Dios

2

META DE LA LECCIÓN

Ayudar a los niños a relacionarse más íntimamente con Dios mediante la lectura bíblica y la oración.

OBJETIVOS

Los niños:
- aprenderán a ver la Biblia como la palabra personal de Dios para ellos;
- presentarán anuncios comerciales acerca de los beneficios de la Palabra de Dios;
- practicarán el escuchar con atención a las oraciones; y
- harán planes para tener un tiempo devocional personal.

- ❏ un panal de abejas (si puede conseguirlo) o miel de abeja
- ❏ galletas de dulce
- ❏ Biblias
- ❏ cuchillos de mesa o de plástico
- ❏ platos o servilletas de papel
- ❏ toalla húmeda
- ❏ una cebolla blanca grande
- ❏ exágonos recortados de cartulina amarilla
- ❏ lápices
- ❏ cinta adhesiva
- ❏ fotocopias del mini-diario: "Te escucho, Señor," (p. 33). Si no tiene acceso a una copiadora, use hojas de papel en blanco y pida que los niños copien el modelo que se indica

BASE BÍBLICA

Salmo 119:97-104

El Salmo 119 es único de varias maneras. Es el capítulo más largo de toda la Biblia, y también es un acróstico. Cada estrofa, en el original hebreo, empieza con una de las 22 letras del alfabeto hebreo. Pero lo más significativo de este salmo es su tema singular de alabanza a Dios por su Palabra.

A diferencia de otros salmos que enfocan en lo que Dios ha hecho o está haciendo, el Salmo 119 da alabanza a la Palabra de Dios y la ayuda y dirección que ella provee para nuestras vidas.

1 Samuel 3:2-11

Lo asombroso de esta historia familiar es que Dios pasó por alto al sacerdote y le dio un mensaje de gran importancia a un niño. Nunca es demasiado temprano para que los niños aprendan a escuchar la voz de Dios, y obedecerla.

COMPRENDIENDO A SUS ALUMNOS

Al presente estamos criando lo que algunos han llamado "la generación de comunicación." Los niños y niñas constantemente son bombardeados por estímulos auditivos y visuales. Póngase a ver quince minutos de programas de televisión cualquier tarde, y vea si puede mantenerse a la par con todo lo que está sucediendo.

El desafío para nosotros, como maestros cristianos, es lograr que los niños vean que pasar unos minutos de quietud con Dios cada día significará una tremenda diferencia en sus vidas. Sin anuncios o cuñas comerciales, u ofertas de dos por uno, que los seduzcan, los niños necesitan ver que hay esperanza eterna, ayuda y amor inagotable, simplemente en espera de ser recibidas.

Los niños más pequeños se beneficiarán si usted pone a su disposición una variedad de libros de relatos bíblicos o cintas grabadas, para que se los lleven prestados. Así podrán aplicar los principios que aprenderán en esta sesión.

Los niños mayores necesitan dirección concreta respecto a cómo y cuándo realizar diariamente el estudio bíblico y oración. Muchos educadores cristianos dirigen a los niños de los grados superiores de escuela elemental al libro de los Salmos y de Santiago, para sus primeros pasos en el estudio bíblico independiente. El mini-diario "Te escucho, Señor," será un recurso excelente para ayudar a sus alumnos a empezar a observar diariamente su tiempo devocional.

PARA CAPTAR LA ATENCIÓN

Escuchen

Pida que un voluntario salga del salón. Escoja un estudiante mayor, que siga bien las direcciones que se le dé. Cuando el voluntario haya salido, muestre al resto de niños dónde va usted a esconder la miel y las galletas.

Diga: **Cuando (nombre del voluntario) regrese, ustedes tratarán de guiarlo al lugar donde están la miel y las galletas, diciéndole "caliente" o "frío." No deben moverse ni señalarle el lugar, ni darle ninguna otra seña. Si (nombre del voluntario) encuentra la miel y las galletas antes de que pase medio minuto, todo mundo recibirá miel y galletas.**

Salga al pasillo y hable con el voluntario. Indíquele que debe regresar al salón y simplemente caminar por todo el salón, haciendo caso omiso de lo que los otros niños le digan.

Pida entonces que el voluntario regrese al salón.

Diga: **¿Están todos listos? Los 30 segundos empiezan . . . ¡ya!**

Avíseles cuando falten 20 segundos, luego 15. Luego, conforme aumenta el entusiasmo, cuente en forma regresiva desde 10 hasta cero. Luego pida que todos, incluso el voluntario, tomen asiento. Recalque que la ubicación de la miel y las galletas todavía debe seguir siendo un secreto.

Pregunte:

● **¿Cómo se sintieron al ver que (nombre del voluntario) ignoraba sus señales? Explíquense.** (Frustrado; quería gritar más fuerte.)

● **¿Qué tiene de malo el hecho de que (nombre del voluntario) no haya prestado atención a lo que ustedes le decían?** (No podemos comernos las galletas ni la miel)

● **¿En qué se parece el hecho de que (nombre del voluntario) haya ignorado sus direcciones a las personas que viven sin prestar atención a lo que Dios les está diciendo?** (Igualmente se pierden de buenas cosas.)

Diga: **Está bien. Vamos a jugar de nuevo. Esta vez, (nombre del voluntario), presta atención a las indicaciones que los demás te den.**

SUGERENCIA AL MAESTRO

Si los niños de su clase son particularmente pequeños o especialmente inquietos, puede pedirles que se sienten sobre las manos, antes de traer al voluntario.

De nuevo los niños dirán "caliente" o "frío" para dirigir al voluntario al lugar donde están las galletas y la miel. Premie al voluntario con un gran aplauso. Luego reúna a los niños en un círculo, y coloque la miel y las galletas en el centro. Pregunte:

● **¿Cómo se sintieron al ver que (nombre del voluntario) se acercaba más y más a las galletas y a la miel?** (Contentos; emocionados.)

● **¿De qué manera se parece esto a prestar atención a lo que Dios les está diciendo?** (Es emocionante; nos pueden ocurrir cosas muy buenas.)

● ¿Cuáles son algunas maneras en que podemos prestar atención o sintonizar lo que Dios está diciendo? (Leyendo la Biblia; orando.)

Diga: **En unos momentos más nos comeremos las galletas y la miel, pero primero, veamos lo que dice la Biblia.**

ESTUDIO BÍBLICO

En sintonía con Dios
(1 Samuel 3:2-11; Salmo 119:97-104)

Pida que los niños abran sus Biblias en el Salmo 119:97-104. Entonces pida que los niños mayores lean en voz alta este pasaje, un versículo cada uno.

Después de la lectura saque los cuchillos de mesa o de plástico y los platos desechables o servilletas de papel. Si pudo conseguir el panal, permita que los niños lo examinen. Algunos niños tal vez podrán explicar cómo y por qué las abejas construyen los panales.

Instrúyeles que mojen sus cuchillos en la miel y la pongan sobre las galletas, y que se las coman.

Mientras los niños disfrutan de la golosina, diga: **¡Ay, no. Me olvidé! ¿Preferiría alguien tener esto en vez de la miel y las galletas?** Muestre una cebolla blanca grande.

Los niños probablemente se reirán, al afirmar que prefieren la miel y las galletas.

Pregunte:

● **¿Por qué es tan buena la miel?** (Es dulce; es buena para la salud.)

● **¿De qué manera aprender lo que dice la Biblia es como comer la miel?** (Es buena para nosotros; siempre queremos más.)

● **¿Por qué el escritor de este salmo comparó la lectura de la Biblia con comer miel? ¿Por qué no la**

---

comparó con comer una cebolla? (La miel es una golosina deliciosa; es dulce y agradable, así como la Palabra de Dios; las cebollas pican y producen mal aliento.)

● **¿Qué cosas buenas obtenemos de la miel?** (Energía; vitaminas.)

● **¿Qué cosas buenas se obtienen al leer la Biblia?** (Aprendo del amor de Dios; recibo dirección para mi vida; me consuela cuando me siento triste.)

Distribuya los lápices. Escoja algunos niños o niñas para que escriban (o dibujen símbolos) en los exágonos de cartulina o cartoncillo las respuestas dadas, y que luego fijen los exágonos en la pared con cinta adhesiva. Explique que los exágonos representan la miel y el panal acerca de los cuales el salmista está hablando.

Diga: **¡Esto está muy bien! Ahora volvamos por unos minutos a este Salmo.**

Pregunte:

● **¿Qué provecho dice el salmista que recibe al leer la Palabra de Dios?** (Le hace más sabio que sus enemigos; le da entendimiento; evita que haga el mal.)

Pida que escriban o dibujen sus respuestas en los exágonos amarillos, y que los añadan al panal en la pared.

Diga: **Dios nos habla por medio de su Palabra. La Biblia es como una carta personal escrita a cada uno de nosotros. Ustedes saben qué bueno es recibir cartas. ¡Imagínense lo que es recibir una carta de Dios! Ustedes de seguro querrán leerla todos los días, vez tras vez. Espero que así sea.**

Dios nos habla de otras maneras también, especialmente por medio de la oración.

Pregunte:

● **¿Acerca de qué cosas oran ustedes?** (Le doy gracias a Dios por lo que me da; le pido lo que necesito; le pido que cuide a mis amigos y a mi familia.)

Diga: **¿Alguna vez alguno de ustedes ha pensado en escuchar a Dios mientras está orando? Aprendamos acerca de un personaje en la Biblia que oyó a Dios, alguien que debe haber sido más o menos de la edad de ustedes.**

Pida que los niños mayores abran sus Biblias a 1 Samuel 3:2-11. Seleccione algunos estudiantes para que lean las partes del narrador, de Samuel, de Dios y de Elí. Esté listo para dar la señal a los personajes cuando les toca leer. Coloque cuatro sillas como esquinas de un gran cuadrilátero. Apague las luces, si es posible, para que se adapte al escenario de la historia. Pida que los que van a leer tomen asiento en las sillas,

SUGERENCIA AL MAESTRO

Asigne a dos niños responsables para que ayuden en esta actividad. Tenga lista una toalla húmeda para la limpieza, y designe a un ayudante para que supervise a los que tienen que ir a la cocina o al baño para lavarse.

Exágono

y que todos los demás se sienten en el suelo.

Cuando todo mundo esté en su lugar, presente el relato de esta manera:

Samuel era un niño que vivió hace mucho tiempo. Cuando todavía era muy pequeño, su madre le envió para que sirviera al Señor. Samuel se crió bajo el cuidado de un sacerdote anciano llamado Elí. De modo que Samuel creció en el templo. La historia ocurrió una noche. ¡Ssssssh! Está muy oscuro en el templo . . . y todo está en silencio . . . y el niño Samuel acaba de quedarse dormido.

Dé la señal a los lectores para que empiecen.

Después de la lectura, explique que Dios le dijo a Samuel cómo la familia de Elí sería castigada por quebrantar las leyes de Dios.

Luego pregunte:

● **¿Quién pensó Samuel al principio que le estaba llamando?** (Elí, el sacerdote.)

● **¿Por qué se confundió respecto a quién le estaba llamando?** (Nunca antes había oído hablar a Dios.)

● **¿Por qué las horas de la noche son buenas para oír a Dios?** (Porque todo está quieto y en silencio; ninguna otra cosa llama la atención.)

● **¿En qué otras ocasiones podrían ustedes oír a Dios?** (Mientras voy a la escuela; cuando estoy en la iglesia; cuando estoy esperando en alguna fila.)

Diga: **Debido a que Samuel estaba prestando atención, Dios le dio una tarea muy grande e importante para hacer. Samuel llegó a ser el líder de toda la nación de Israel. Pero es importante recordar que Samuel no comprendió de inmediato todo lo que Dios estaba haciendo. Tuvo que buscar la ayuda y dirección de un amigo de más edad.**

Cada uno de ustedes necesita hacer lo mismo. Dios no le habla a la gente en voz alta con frecuencia. Algunas veces nos habla en forma silenciosa, y puede ser que necesitemos pedir la ayuda de otras personas para poder decidir si en realidad Dios nos está hablando.

Pregunte:

● **¿Cuáles son algunas personas que podrían ayudarles a comprender cuando Dios les habla?** (Mis padres; el pastor; el maestro o maestra de Escuela Dominical.)

● **¿Piensan ustedes que Dios tiene tiempo para hablar con niños? ¿Por qué sí o por qué no?** (Por supuesto, le habló a Samuel; no, está demasiado ocupado.)

● **¿Piensan ustedes que niños y niñas tienen tiempo para escuchar y oír a Dios?** (No, algunas veces estamos demasiado ocupados; sí, siempre debemos orar y escuchar.)

Diga: **Dios tiene cosas maravillosas para las personas que están dispuestas a escucharle y obedecerle, y no importa si la persona es niño, adulto, o joven. Lo importante es darse tiempo para ponerse en sintonía con Dios.**

APLICACIÓN A LA VIDA

Todas las cosas buenas

Diga: **Hablando de sintonizar, sé que todos ustedes son expertos en cuñas comerciales. ¿Cuántos comerciales piensan ustedes que han visto en la televisión, o escuchado en la radio, en la última semana?** Permita que los niños aventuren sus respuestas. **Ahora es su oportunidad para hacer una cuña comercial acerca de algo realmente importante.**

Forme dos grupos. Pida que un grupo prepare una cuña comercial acerca de las cosas buenas que resultan al leer la Biblia. El otro grupo debe preparar una cuña comercial acerca de los beneficios de oír y escuchar a Dios. Designe un director para cada grupo. Anime a los directores a planear cuñas comerciales en las que los niños más pequeños puedan participar en forma destacada.

Conceda tiempo para que los grupos planeen y ensayen sus cuñas comerciales. Luego pídales que las presenten e interpreten frente al otro grupo.

CONSAGRACIÓN

Tiempo con Dios

Diga: **Me alegro de que se entusiasmen por buscar la dirección de Dios. Tengo un pequeño diario para cada uno de ustedes, que les ayudará a perseverar diariamente en la lectura de la Biblia y en la oración.**

Déle a cada niño y niña una copia del mini-diario "Te escucho, Señor" (p. 33) y un lápiz. Muestre a los niños cómo doblar la hoja, y ayude a los niños menores para que escriban sus nombres en la primera página.

Explique que el diario tiene un lugar en donde pueden

SUGERENCIA AL MAESTRO

A los niños les encanta actuar frente a una cámara. Si puede conseguir una cámara de video, puede grabar las cuñas comerciales, y esto entusiasmará todavía más a los niños. Los padres, además, apreciarán ver el esfuerzo de los niños en la clase.

anotar cada día lo que leen, lo que pidieron en oración, y lo que pensaron después de la lectura bíblica y la oración.

Para los niños que todavía no saben leer ni escribir, explique que pueden ver un libro de cuadros o historias bíblicas cada día, o pedir a un adulto o hermano mayor que se las lea, y luego pueden dibujar en sus diarios algo que represente la historia bíblica que han visto u oído. También pueden dibujar algo que represente las cosas por las cuales oran y la manera en que se sienten después de haber estado en silencio ante Dios por unos minutos.

Pregunte:

● **¿Cuándo será una buena hora para tener un tiempo devocional a solas con Dios cada día?** Pida que los niños respondan en forma individual, y luego dibujen las manecillas del reloj indicando la hora que han señalado. Anime a los niños a que piensen de esa hora como una cita con alguien que les quiere mucho.

CONCLUSIÓN

Practicando la oración

Diga: **Ahora vamos a dedicar algún tiempo para orar y escuchar a Dios. Vamos a inclinar la cabeza. Voy a decir una oración corta, y luego todos nos quedaremos quietos y en silencio por unos momentos. Luego concluiré la oración.**

Querido Señor, gracias mostrarnos cosas buenas en tu Palabra. Gracias por hablarnos cuando dedicamos tiempo para oírte. Ayúdanos a recordar lo que hemos aprendido hoy, y a oírte y escucharte ahora mismo. Haga una pausa por unos segundos. **Ayúdanos a continuar sintonizándote cada día. En el nombre de Jesús, Amén.**

COSAS POR LAS CUALES ORÉ

QUE LEÍ

FECHA

LO QUE PENSÉ DESPUÉS DE
LEER LA BIBLIA Y ORAR

¡TE ESCUCHO SEÑOR!

MINI-DIARIO

MI HORA DEVOCIONAL:

NOMBRE: _____

"Tu promesa es más dulce a mi paladar
que la miel a mi boca" (Salmo 119:103, VP).

3 La trampa del talento

META DE LA LECCIÓN

Ayudar a los niños a ver sus talentos como dones de Dios que deben usarse para servirle a Él.

OBJETIVOS

Los niños:
- reconocerán las desventajas de la jactancia;
- aprenderán a enorgullecerse sanamente en lo que hacen;
- afirmarán los talentos que ven en los demás; y
- dedicarán sus propios talentos al servicio de Dios.

NECESITA

- ❏ Biblias
- ❏ notas adhesivas, o tiras de papel y cinta adhesiva
- ❏ marcador o lápices
- ❏ fotocopias de la hoja de ejercicios "Decorado de Celebración" (p. 42). Si no tiene acceso a una copiadora, use hojas de papel en blanco, y haga que los niños copien el dibujo
- ❏ lápices
- ❏ confeti (picadillo, papel picado de colores; opcional)

BASE BÍBLICA

Mateo 21:1-9

El hecho de que Jesús escogiera un asno joven para montar en su entrada a Jerusalén era un símbolo de su actitud. No venía como conquistador, sobre un gran caballo blanco, sino en paz y humildad. Qué contraste con los líderes de su día e, igualmente, con los líderes de hoy.

La filosofía del liderazgo actual enseña que si uno quiere ser líder, debe demostrar poder y agresividad en la forma en que se viste, como habla y como conduce sus relaciones. El Domingo de Ramos Jesús literalmente lo tenía todo, pero escogió someterse a la voluntad del Padre celestial. El mundo dice "agarra todo lo que puedas"; el ejemplo de Jesús es darlo todo.

Filipenses 2:3-4

"No hagan nada por rivalidad o por orgullo, sino con humildad, y que cada uno considere a los demás como mejores que él mismo" (VP). ¡Vaya contraste con las filosofías actuales en cuanto a liderazgo! Jamás se podrá encontrar esa recomendación en los libros actuales de auto-ayuda para el liderazgo. Pero Pablo dice que nuestro ejemplo no es el mundo, sino Jesucristo. La humildad, tal como la que Jesús demostró, quiere decir reconocer a Dios como el autor de nuestros talentos, someterse a su voluntad y reconocer que otros también tienen valor a los ojos de Dios, tal como nosotros.

COMPRENDIENDO A SUS ALUMNOS

Jactarse es un problema casi universal entre los niños y niñas. "Mi bicicleta es mejor que la tuya." "Mi abuelo siempre me regala 50 pesos en mi cumpleaños." "Mi profesora de música dice que soy el mejor de todos sus alumnos." Jactarse es una solución temporal e insatisfactoria para una imagen propia desinflada. Los niños necesitan ver que jactarse logra exactamente lo opuesto de lo que esperan conseguir: Los rebaja ante los ojos de los demás, en lugar de elevarlos.

Esta lección ayuda a los niños y niñas a ver que cualquier cosa que hagan y que es digna de alabanza, es un don de Dios. Puesto que Dios es la fuente de todo lo que tenemos y somos, el honor y la alabanza deben ser para Él.

Los niños más pequeños, cuyas habilidades están desarrollándose muy rápidamente, tienen motivo legítimo para enorgullecerse de sus éxitos. Pero pueden aprender a no menospreciar los esfuerzos de otros tan sólo para destacar el propio.

Los niños mayores, cuyas habilidades están ya más desarrolladas, pueden expresar aprecio a Dios por los talentos que les ha dado. Además, pueden dedicar esos talentos al servicio de Dios.

La lección

PARA CAPTAR LA ATENCIÓN

Espectáculo de talento extraño y maravilloso

Diga: **He notado que ustedes son un grupo de niños y niñas con mucho talento. Hoy tendremos la oportunidad de demostrar algunos de sus talentos. Vamos a empezar la clase con un espectáculo de talento extraño y maravilloso.**

Forme cuatro grupos. Procure lograr una buena distribución de niños más pequeños y mayores en cada grupo. Envíe a cada grupo a una de las esquinas del salón. Explique que usted irá a cada grupo y les dirá lo que deben hacer en el espectáculo de talentos.

Asigne las siguientes tareas:

Grupo 1: Cada niño o niña imitará a un animal diferente; pero todos tendrán que hacerlo al mismo tiempo.

Grupo 2: Todos tratarán de sacar la lengua y tocarse con ella la punta de la nariz.

Grupo 3: Todos tratarán de hacer la mueca más extraña que puedan.

Grupo 4: Formarán una fila y tratarán de frotarse en forma circular la barriga con una mano, mientras que con la otra se dan de palmaditas en la cabeza al mismo tiempo.

Conceda como un minuto para que se organicen los grupos. Luego pida que cada grupo por turno presente su actuación. Asegúrese de que cada grupo reciba un fuerte aplauso por sus esfuerzos.

Después del espectáculo de talentos, pregunte:

● **¿Qué tenía de extraño este espectáculo de talentos?** (Nos hizo hacer cosas extrañas; estábamos haciendo el ridículo.)

● **¿Cómo se sintieron al hacer las cosas ridículas que les pedí que hicieran?** (Abochornados; fue divertido.)

● **¿De qué manera se pareció esto a un espectáculo real de talentos?** (Tuvimos que estar frente a otras personas y hacer algo; la gente nos aplaudió.)

● **¿De qué manera fue diferente?** (No tuvimos la oportunidad de hacer algo para lo que realmente somos buenos)

● **¿Qué cosas les gusta hacer frente de otras personas?** Las respuestas de los niños serán muy variadas.

36

● **¿Cómo se sienten cuando la gente les aplaude y dice que se lucieron?** Expliquen. (Muy bien, me hace querer hacer más.)

● **¿Está bien sentirse bien por lo que uno hace con éxito? ¿Por qué sí o por qué no?** (Sí, siempre y cuando no lo agrande frente a otros; no, no deberíamos sentirnos orgullosos.)

Diga: **Está bien trabajar duro y sentirse bien por lo que cada uno hace. Pero nos metemos en problemas si nos dejamos ganar por la lisonja y pensamos que somos grandiosos, o si empezamos a jactarnos y a decir que somos mejores que otras personas. Hoy vamos a ver lo que ocurrió en una historia imaginaria, basada en un relato bíblico.**

ESTUDIO BÍBLICO

Jactarse o no
(Mateo 21:1-9; Filipenses 2:3-4)

Pídales que abran sus Biblias en Mateo 21:1-9, y que se turnen para leer en voz alta el pasaje, un versículo por persona. Una alternativa sería pedir que los niños cuenten en sus propias palabras la historia de la entrada de Jesús a Jerusalén el Domingo de Ramos.

Diga: **Hoy vamos a ver lo que tal vez pensaba la burra mamá del borrico de la historia. Pero necesito su ayuda para contar la historia.**

Practique con los niños cada una de estas señales y respuestas:

● **Cada vez que yo diga "la burra mamá," las niñas imitarán el rebuzno, y dirán "Ii-jáá, Ii-jáá."**

● **Cada vez que yo diga "burrito," los niños se pondrán las manos en las orejas como orejas de burro.**

● **Cada vez que yo diga "multitud," todos rozarán suavemente hombros con hombros.**

● **Cada vez que yo diga "Jesús," agiten sus brazos, y griten: "¡Hosanna!"**

● **Cada vez que yo diga "discípulos," todo mundo que esté en segundo grado y para arriba, contará del 1 al 12 lo más rápido que puedan.**

Luego diga: **¿Listos? Aquí va la historia: La burra orgullosa.**

Lea en voz alta la historia "La burra orgullosa," (p. 39). Haga una pausa después de cada una de las palabras en negrita, para que los niños ejecuten sus acciones.

SUGERENCIA AL MAESTRO

Algunos niños más pequeños tal vez sepan muy bien esta historia, y apreciarán esta oportunidad de destacarse ante otros niños y niñas mayores. Ayúdeles a contar la historia haciéndoles preguntas y animándoles.

37

Pregunte:

● **La burra mamá tenía un problema; ¿cuál era?** (Se portaba como una tonta; la gente estaba alabando a Jesús, no al burrito.)

● **¿Cómo es que llegó a confundirse de esa manera?** (Estaba tan orgullosa de su burro, que ni siquiera se dio cuenta de lo que la gente estaba diciendo en realidad.)

● **¿Quién era realmente el personaje importante en esta historia?** (Jesús.)

● **Si ustedes pudieran hablar con la burra mamá, ¿qué le dirían?** (Burra tonta, están alabando a Jesús, no a tu hijo; ¡deja de pavonearte!)

Diga: **Por supuesto, sabemos que los animales no pueden realmente pensar o comportarse de esa manera. Pero, ¿han visto ustedes a personas que se portan así como la burra orgullosa? Algunas veces la gente es tan orgullosa y jactanciosa, que no resulta agradable estar cerca de esas personas. Veamos qué clase de personas quiere Dios que seamos.**

Pida que los niños busquen Filipenses 2:3-4 en sus Biblias. Luego pida que un voluntario lea en voz alta el pasaje.

Diga: **Dios no quiere que andemos por todos lados jactándonos y pavoneándonos o menospreciando a otras personas. Él quiere que le agradezcamos por nuestras capacidades y que elogiemos las capacidades que vemos en otras personas. Para mostrar lo que quiero decir, busquemos unas cuantas respuestas "para levantarse."**

Explique que va a leer algunas frases. Para cada frase usted va a decir: **"Levántate si tienes una respuesta orgullosa y petulante."** Después de que algunos niños o niñas se hayan levantado y dado sus respuestas arrogantes y orgullosas, usted dirá: **"Levántate si tienes una respuesta más delicada y amable."** Permita que los niños den respuestas de ambas maneras antes de seguir a la siguiente frase.

Estas son las frases:

● **La canción que cantaste en la iglesia fue muy hermosa. En verdad tienes una voz muy linda.**

● **Oí que la señora Robles te dio una calificación de sobresaliente en su clase. Ella es una profesora muy severa.**

● **¿En realidad dibujaste eso? ¡Casi no puedo creer que seas tan buen artista!**

Después de que los niños hayan dado sus respuestas "para levantarse." pregunte:

● **¿Cómo se sintieron cuando oyeron las respuestas petulantes?** (No me gustó esa persona; nunca más le felicitaré por nada.)

La burra orgullosa

Hace muchos muchos años, en una aldea muy distante llamada Betfagé, había una **burra mamá** que tenía un **burrito**. La **burra mamá** estaba muy orgullosa de su **burrito**. Estaba completamente segura de que su **burrito** era el más hermoso que jamás una **burra mamá** pudiera tener. De seguro que le daría a su dueño una muy buena ganancia, porque el **burrito** hacía poco que había llegado a la edad en que ya podían montarlo.

Un día dos de los **discípulos** de **Jesús** vinieron a la casa donde vivía la burra mamá con su burrito. Se dirigieron directamente a donde estaba el **burrito,** lo desataron, desataron también a la **burra mamá,** y empezaron a llevárselos.

El dueño los detuvo: —¿Por qué están llevándose a este **burrito**?— les preguntó.

—El Señor lo necesita—, respondieron los **discípulos**.

El dueño sonrió, y asintió con la cabeza, permitiéndoles que los llevaran.

La **burra mamá** estaba muy emocionada. "¡Lo sabía! ¡Lo sabía!" pensaba. "Sabía que una persona importante descubriría a mi **burrito**. Es en verdad el **burrito** más hermoso que jamás ha caminado por los caminos de Judea."

La **burra mamá** se alegró mucho de que los **discípulos** la llevaran también a ella. ¡Quería ver a su hijo en su momento de gloria!

Los **discípulos** trajeron al **burrito** a un hombre llamado **Jesús**. **Jesús** le habló con gentileza, y tomó en sus manos las riendas. "Ven que buen **burrito** he criado," pensó la **burra mamá** mientras el grupo de personas empezaba a encaminarse hacia Jerusalén. "Mi burrito no le está dando a **Jesús** ningún problema."

Conforme el grupo se acercaba a Jerusalén, algo extraño empezó a ocurrir. Una **multitud** de personas empezó a seguirlos. Era una **multitud** alegre, que cantaba. Estaban tan contentos de ver al **burrito** tan lindo, que empezaron a gritar alabanzas. "¡Hosanna!" gritaban. El corazón de la **burra mamá** se llenó de orgullo, mientras los seguía detrás. "Sabía que mi hijo sería grande," suspiró ella. Luego, maravilla de maravillas, la **multitud** empezó a cortar ramas de los árboles y colocarlos en el camino frente al **burrito**. Toda la **multitud** que les rodeaba estaba aclamando, danzando y alabando a Dios. "Ese buen hombre **Jesús** debe sentirse honrado de montar tan hermoso **burrito**," pensó la **burra mamá** orgullosa. "¿Alguna vez han honrado así a algún otro animal?"

Así recorrieron las calles de Jerusalén. El **burrito** y la **burra mamá** caminaban muy orgullosos, porque por todo el camino la **multitud** continuaba aclamando y cantando alabanzas.

● **¿Cómo se sintieron cuando oyeron las respuestas más delicadas?** (Que era una persona muy agradable; que en verdad vale la pena elogiarla.)

Diga: **Algunas veces es fácil jactarse, incluso cuando la gente nos elogia. Pero Dios quiere que ayudemos a edificar a otras personas, y no solo a nosotros mismos. Practiquémoslo.**

APLICACIÓN A LA VIDA

Niños condecorados

Haga que los niños pongan las sillas en círculo, con una silla en el centro. Pida que el niño o niña cuyo cumpleaños caiga más cerca de navidad se siente en la silla del centro. Anime a los niños a decir talentos y capacidades que reconocen y aprecian en la persona que está en el centro.

Además de los talentos más obvios, anime a los niños y niñas a reconocer cosas tales como el ser amistosos, disposición para ayudar y ser alegres.

Conforme los niños mencionan los talentos y habilidades, anótelos en etiquetas adhesivas individuales, o papeles recortados. Luego pida que los niños le ayuden a "condecorar" con las etiquetas a la persona que está en el centro.

Déle a cada persona la oportunidad de ser condecorada, ¡incluyéndose usted también!

Luego pregunte:

● **¿Cómo se sintieron al ser condecorados?** (Muy bien; ridículos.)

● **¿Qué se siente al decirle a otras personas lo que admiran en ellas?** (Eso también nos hace sentir bien; fue muy bueno ver cómo eso les alegró.)

CONSAGRACIÓN

Decorado de celebración

Diga: **Me siento muy bien al ver que todos ustedes tienen muchos talentos. Pienso que Dios debe estar también contento. Después de todo, fue Él quien les hizo a todos ustedes, y les dio todos los talentos.**

Pida que formen parejas. Haga todas las parejas que pueda entre un niño mayor y un niño más pequeño. Déle a cada persona una fotocopia de la hoja de ejercicios "Decorado de

Celebración" (p. 42) y un lápiz. Si no tiene acceso a una copiadora, muestre el dibujo, y pida que cada niño o niña copie el dibujo en una hoja de papel. Cada persona entonces debe ayudar a su pareja a quitarse las etiquetas adhesivas, y colocarlas en forma apropiada en la hoja de ejercicios.

Diga: **Ahora, por cada etiqueta escriban o dibujen una manera en que pueden usar ese talento o capacidad para el servicio de Dios.**

Pida que los niños mayores ayuden a los más pequeños con esta parte de la actividad. Los niños mayores pueden sugerir cosas para dibujar, basándose en el talento o habilidad anotada. Anime a los niños a mostrarles a sus padres sus "Decorados de Celebración."

CONCLUSIÓN

Compañeros que elogian

Reúna al grupo entero, todavía en parejas, y pida que cada uno le diga a su compañero o compañera sus planes para servir al Señor. Pida que los niños mayores les ayuden a los menores, de ser necesario. Si le fue posible conseguirlo, eche un poco de confeti (papel picado, picadillo) sobre cada persona conforme su compañero habla.

Concluya con una oración, agradeciendo a Dios por tener niños talentosos en el grupo, y pidiéndole que ayude a cada uno a servirle fiel y alegremente.

Entonces indique que les dará la primera oportunidad para servir al Señor alegremente, ¡al ayudar a recoger y barrer el confeti!

41

¡DECORADO DE CELEBRACIÓN!

Querido Señor: gracias por todos estos talentos que las personas reconocen en mí:

(Coloque aquí sus etiquetas adhesivas, o péguelas con cinta adhesiva.)

Esta es la manera en que quiero usarlos para servirte, Señor:

"Sirvan al Señor con alegría; Vengan ante su presencia con regocijo" (Salmo 100:2).

Mis sentimientos

Temores y lágrimas

4

META DE LA LECCIÓN

Ayudar a los niños a aprender que cuando están asustados o tristes pueden contar con la reconfortante presencia de Dios.

OBJETIVOS

Los niños:
- jugarán un juego que tiene que ver con zonas de seguridad;
- aprenderán cómo Jesús calmó los temores de sus discípulos;
- identificarán ocasiones cuando realmente estuvieron asustados; y
- confiarán en que Dios les ayudará a enfrentar sus temores.

BASE BÍBLICA

Mateo 8:23-27

El Mar de Galilea era famoso por sus tempestades repentinas. Los discípulos, aun siendo algunos de ellos pescadores experimentados, que habían pasado literalmente su vida entera en estas aguas, se asustaron cuando su barco

NECESITA

- ❏ cinta adhesiva de pintor (masking) o cuerda
- ❏ un paquete de centavos o de caramelos
- ❏ un animalito de felpa
- ❏ fotocopias de la hoja de ejercicios "Jesús es mi zona de seguridad" (p. 53)
- ❏ lápices

NOTA

Esta lección es excelente para una clase de edades combinadas. Tal vez usted quiera invitar a familias enteras para esta sesión.

empezó a ser zarandeado sin cuartel por las implacables olas en medio de la noche. Estaban sorprendidos y frustrados, por cuanto Jesús estaba durmiendo plácidamente en la parte delantera del barco. ¿No se daba cuenta Él del peligro? ¿No se preocupaba?

Jesús usó la oportunidad para demostrar que Él es verdaderamente el Señor del viento y de las olas. Jesús es igualmente el Señor de las tormentas que azotan nuestras vidas. Algunas veces podemos vernos tentados a preguntarnos, cómo lo hicieron los discípulos, si Él sabe lo que está ocurriendo en nuestras vidas, o si se preocupa. Lo que aprendemos en esta historia es que Jesús no siempre hace que las tormentas desaparezcan al instante, pero siempre nos acompaña cuando las atravesamos.

Mateo 28:20

Jesús es el amigo que siempre está más cerca que un hermano. Aun cuando los niños y niñas pueden legítimamente anhelar la presencia física aseguradora de un adulto en quien confían, la promesa de Jesús de estar con los que confían en Él es realmente poderosa.

COMPRENDIENDO A SUS ALUMNOS

"¿Qué hay allí que dé miedo?" recuerdo que mi padre preguntaba cuando yo era apenas un chiquillo, y los terrores nocturnos impedían que me durmiera. ¿Qué había que daba miedo? ¡Muchísimas cosas! Rincones oscuros, objetos familiares que parecían gigantescos y extraños en la oscuridad, cosas desconocidas debajo de la cama y detrás de las puertas del armario, y algo que podía surgir de la nada y atraparme si se me ocurría levantarme para ir al baño. Usted tal vez se sonría al ver esta lista, pero los temores que tienen los niños son muy reales para ellos, y los adultos sabios siempre los toman en serio.

Los niños de esta generación tienen mucho más con que lidiar que la lista normal de temores. Una de las más grandes ansiedades de los niños es verse separados de sus padres. El porcentaje de divorcio da credibilidad a ese temor. Encima de eso, la televisión, el cine y la radio importa toda clase de temores precisamente hasta nuestra sala: desde guerras hasta asesinos sicópatas.

Hoy, más que nunca, los niños de toda edad necesitan que se les asegure que la presencia de Dios puede ser personal, reconfortante y protectora en sus vidas.

PARA CAPTAR LA ATENCIÓN

La lección

Zona de seguridad

Designe el área para esta actividad estableciendo cuatro esquinas y un círculo central como zonas de seguridad. Marque el círculo central con cinta adhesiva de pintor (masking) o cuerda; haciéndolo de suficiente amplitud como para que todos quepan allí cómodamente. Señale un pequeño triángulo en cada esquina. Los niños que están dentro del círculo y dentro de los triángulos en las esquinas están a salvo. Escoja una persona para que sea el "que quema."

Si tiene adultos en su clase de hoy, pídales que ellos formen las zonas de seguridad. Asigne un adulto a cada esquina y que el resto forme el círculo en el centro.

Diga: **Cada persona puede ganar un punto y un centavo (o caramelo), cada vez que pueda pasar corriendo desde el círculo hasta una esquina, y regresar al círculo, sin ser quemada. El círculo y las esquinas son las zonas de seguridad. Al estar dentro de esas zonas no pueden ser quemados. Pero sólo una persona puede estar dentro de cada esquina. Si una persona es quemada, tiene que quedarse inmóvil hasta que otro jugador lo toque de nuevo para descongelarlo.**

Colóquese en el centro del círculo, y distribuya los centavos y caramelos conforme los jugadores logren correr a alguna esquina y regresar sin que los quemen. Prepárese también para actuar como árbitro para determinar si los niños han logrado llegar a las zonas de seguridad sin ser quemados.

Cada vez que cinco jugadores hayan logrado ganar, designe a una nueva persona para que queme.

Detenga el juego antes de que el interés decaiga. Reúna a los niños y ayúdeles a que concentren su atención en lo que usted va a decir, haciéndoles respirar profundamente dos o tres veces.

SUGERENCIA AL MAESTRO

Adapte las reglas de este juego a su situación en particular. Puede ampliar o reducir los límites según el espacio lo permita. Si muchas personas logran llegar a las esquinas y regresar al círculo central, designe dos o tres personas para que actúen como los que queman. Para que los niños más pequeños tengan iguales posibilidades, designe a dos o tres de ellos que sean los que queman al mismo tiempo.

Pregunte:

● **¿Cómo se sintieron al dejar la zona de seguridad?** (Asustado; emocionado.)

● **¿Cómo se sintieron cuando ganaron y recibieron su moneda o dulce?** (Muy bien; quería ganar más.)

● **¿Qué era lo que más querían: estar seguros o ganar?** Expliquen. (Quería ganar; tenía miedo de que me quemaran, de modo que quería quedarme en lo seguro.)

● **Este juego tenía zonas de seguridad en donde nada malo podía ocurrirles; ¿hay zonas de seguridad en sus vidas reales? ¿Cuáles son esas zonas de seguridad?** (La casa y la iglesia son mis zonas de seguridad; estoy en mi zona de seguridad cuando estoy con mis padres o mis amigos, porque sé que ellos no permitirán que me ocurra nada malo.)

● **¿Qué se siente al salir de las zonas de seguridad?** (Mucho miedo; no me importa; me gusta arriesgarme.)

● **¿Qué impulsa a las personas a dejar sus zonas de seguridad incluso aun cuando no quieran hacerlo?** (Algunas veces las personas se mudan a un nuevo barrio; algunas veces los padres se divorcian y perdemos una parte de nuestra zona de seguridad; los accidentes y la enfermedad algunas veces nos sacan de nuestras zonas de seguridad.)

Diga: **Es maravilloso tener lugares en donde nos sentimos confiados y personas con las cuales nos sentimos seguros. Pero no siempre podemos quedarnos dentro de las zonas de seguridad. E incluso dentro de nuestras zonas de seguridad algunas veces ocurren cosas que nos aterran. Es entonces que es muy bueno saber que Jesús está a nuestro lado.**

ESTUDIO BÍBLICO

Jesús calma la tormenta (Mateo 8:23-27)

Diga: **Hoy vamos a oír la historia de una ocasión cuando los discípulos de Jesús realmente se asustaron mucho. Ustedes van a ayudarme a relatarla.**

Practique con la clase cada una de estas señales y respuestas.

● **Cada vez que yo diga "barco" todo mundo dirá "craaaak," como crujido de madera, y simularán remar con fuerza.**

● **Cada vez que yo diga "discípulos" todos los niños**

Jesús calma el mar

Los discípulos estaban sencillamente agotados. Todo el día multitudes de personas habían estado siguiendo a Jesús, oyendo lo que Él enseñaba y observándole cuando sanaba a los enfermos. Ahora el sol empezaba a ponerse sobre el Mar de Galilea. Jesús, al ver a sus discípulos tan cansados, les dijo: "Subamos al barco y vayamos al otro lado del mar." Era bueno que todos ellos se alejaran de las multitudes por un tiempo.

Los discípulos se aplicaron a los remos para alejarse de la orilla, y Jesús se fue a la parte delantera del barco y se acostó. Las olas mecían suavemente el barco al batir contra su costado, y Jesús se quedó dormido plácidamente.

De repente empezó a soplar el viento, y nubes negras oscurecieron el cielo. Las olas ya no eran pequeñas. El barco empezó a cabecear y a bambolearse fuertemente. Los discípulos empezaron a preocuparse un poco. Pero Jesús estaba todavía durmiendo en la proa del barco.

Entonces el viento se hizo más fuerte. Las olas salpicaban mucho, empapando a los discípulos. ¡Era una tormenta terrible! Pero Jesús estaba todavía durmiendo plácidamente en la proa del barco.

Para cuando el barco pesquero llegó a la mitad del lago, el viento se había convertido en una violenta tempestad y las olas eran tan altas que caían con fuerza sobre la cubierta del barco. Los discípulos estaban aterrorizados. Pensaron que se iban a ahogar. Pero Jesús estaba todavía durmiendo en la proa del barco.

Finalmente alguien fue a sacudir a Jesús. "Maestro," le dijo muy asustado, "¿No te preocupa que estamos en peligro de ahogarnos?" Jesús miró a su alrededor, y oyó el ulular del viento. Sintió el escozor frío de las olas que salpicaban por todos lados del barco. Vio también el miedo en las caras de los discípulos. Entonces Jesús se levantó, extendió sus brazos hacia el viento y las olas, y les ordenó: "¡Paz! ¡Cálmense!"

De pronto y al instante el viento dejó de soplar y las olas se calmaron por completo. Entonces Jesús les preguntó a los discípulos: "¿Por qué tienen miedo? ¿Dónde está su fe?"

Ese día en el Mar de Galilea Jesús demostró su poder sobre el viento y las olas. Así como Él cuidó a sus discípulos en ese barco que era juguete de las olas, así Él los cuidará a ustedes.

(y varones) contarán hasta 12 lo más rápido que puedan.

● Cada vez que yo diga "viento" las niñas (y mujeres) se pondrán las manos sobre la boca como bocina, y soplarán.

● Cada vez que yo diga "olas" todos pondrán las manos palmas con palmas y simularán hacer olas frente al cuerpo.

● Cada vez que yo diga "Jesús" todos señalarán hacia arriba y dirán: "Cristo, el Señor."

Conforme lee el relato "Jesús calma el mar" que consta en la página 49, asegúrese de hacer hincapié en cada una de las palabras subrayadas; haciendo una pausa para que los niños puedan dar su respuesta en cada ocasión.

Diga: ¡Empecemos! Todos deben estar muy juntos, de modo que nadie se asuste mucho.

Lea el relato. Después de que haya concluido pida que los niños se den un aplauso a sí mismos por ayudarle a contar la historia. Luego pregunte:

● ¿Por qué razón se asustaron tanto los discípulos? (Por la tormenta que vino sobre el barco; tenían miedo de ahogarse.)

● ¿Qué hicieron para conseguir ayuda? (Despertaron a Jesús.)

● ¿Qué hizo Jesús para que las cosas volvieran a la normalidad? (Le dijo al viento y a las olas que se calmaran.)

● ¿Cómo pudo Él hacer eso? (Él es el Hijo de Dios, y puede hacer cualquier cosa.)

● ¿Puede Jesús ayudarnos a nosotros así como les ayudó a los discípulos en la tempestad? ¿Por qué sí o por qué no? (Sí, Jesús todavía puede hacer cualquier cosa; no, Él no hace esas cosas ahora.)

● ¿Puede Jesús ayudarnos ahora, aun cuando no podemos verle ni tocarle? ¿Por qué sí o por qué no? (Sí, Él está siempre con nosotros; no, algunas veces no se lo pedimos.)

APLICACIÓN A LA VIDA

Alguien a quien aferrarse

Pregunte:

● ¿Puede alguien decirme cómo Jesús le ha ayudado en alguna situación que le asustó? Dé a los niños la oportunidad de responder. Puede ser útil relatar alguna experiencia propia, para empezar. Si hay otros adultos en la clase, también podrían relatar alguna experiencia personal cuando Dios les ayudó a enfrentar una situación aterradora.

Después de que varias personas hayan contado sus experiencias, muestre el animalito de felpa, preferiblemente uno que esté limpio pero que muestre haber sido muy usado. Páselo de mano en mano, y cada persona debe darle un abrazo. En una clase numerosa, pase dos o tres animalitos de felpa a la vez.

Pregunte:

● **¿Por qué a todo mundo le gusta tener animalitos de felpa?** (Son lindos; se siente bonito al abrazarlos; nunca se enojan.)

● **¿Qué sienten al abrazar a un animalito de felpa como estos?** (Un sentimiento muy bonito; muy bien; con cariño.)

● **¿Alguna vez alguno de ustedes ha abrazado a un animalito de felpa cuando se ha sentido triste o asustado?** (Algunas veces.)

● **¿En qué se parece lo que ustedes sienten al abrazar a un animalito de felpa a lo que siente al confiar en Jesús cuando están asustados o tristes?** (Jesús me consuela; cuando le pido que me ayude, me acuerdo que Él me ama.)

● **¿Cuál es la diferencia entre confiar en Jesús y abrazar a un animalito de felpa?** (Jesús está realmente vivo y tiene poder para ayudarme.)

CONSAGRACIÓN

Cómo hacer frente a los temores

Diga: **Poco antes de regresar al cielo Jesús les dio una promesa a sus seguidores. Veamos esa promesa.**

Déle a cada persona una copia de la hoja de ejercicios "Jesús es mi zona de seguridad" (p. 53) y un lápiz. Si no puede fotocopiar este dibujo, póngalo en el pizarrón y pida que cada persona presente lo copie en una hoja de papel. Los niños más grandes pueden ayudar a los más pequeños. Señale el versículo bíblico que consta al pie de la hoja de ejercicios.

Diga: **Esta es la promesa de la cual estoy hablando. Leámosla todos juntos en voz alta.**

Diga: **Esto es lo que quiero que recuerden de la clase de hoy. Jesús promete estar siempre con nosotros. Y tener a Jesús con nosotros es mejor que tener un osito** de felpa o un hermano mayor, o incluso nuestros padres cerca, por cuanto Jesús es el Hijo de Dios, y tiene poder para ayudarnos.

Pida que los niños (y los adultos) usen el espacio en blanco en la hoja de ejercicios para dibujar o describir brevemente una situación atemorizante que algunas veces enfrentan. Conceda dos o tres minutos para que dibujen o escriban, y luego pida que algunos voluntarios muestren o lean lo que han dibujado y escrito, y expliquen lo que su dibujo o relato significa. Los niños se sorprenderán al ver que los adultos también a veces se asustan y tienen miedo, y que aun cuando sean mayores, ellos también confían en Jesús para ayudarles en las situaciones que atemorizan.

Pregunte:

● **¿Cómo se sentirían al ver que Jesús tiene sus brazos sobre ustedes en las situaciones que atemorizan?** (Bien.)

Diga: **La próxima vez que sientan miedo o se asusten, recuerden que Jesús siempre está con ustedes.**

CONCLUSIÓN

Siempre presente

Reúna a todos los presentes dentro del círculo de la zona de seguridad. Si tiene adultos en su clase, pídales que formen un círculo externo, con los niños adentro.

Concluya con una oración similar a la siguiente: **Jesús: gracias por ser nuestra zona de seguridad. La próxima vez que estemos asustados o con miedo, ayúdanos a recordar que Tú siempre estás con nosotros. Amén.**

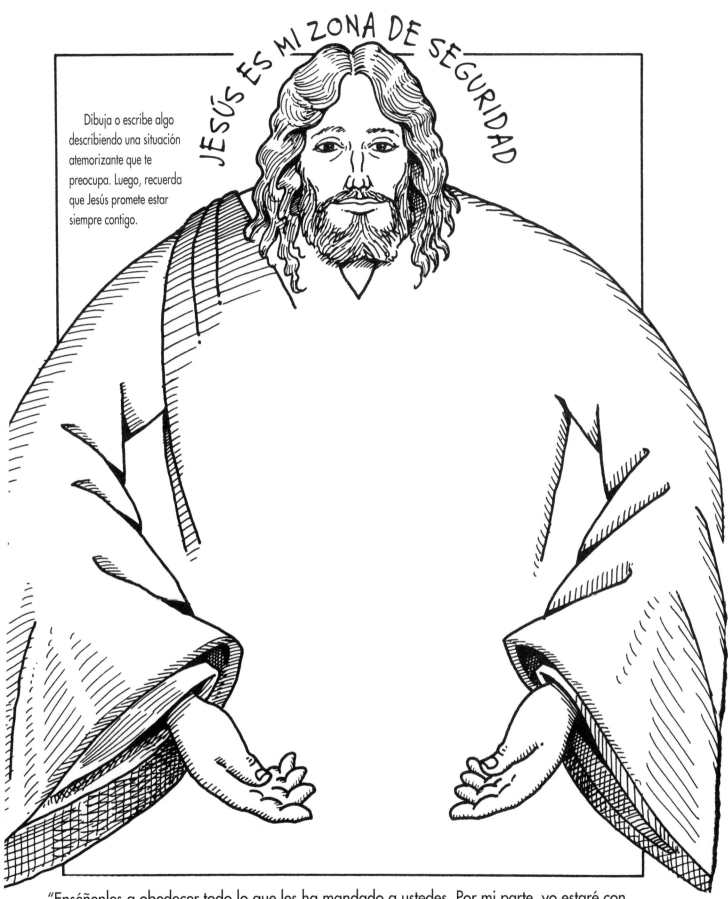

JESÚS ES MI ZONA DE SEGURIDAD

Dibuja o escribe algo describiendo una situación atemorizante que te preocupa. Luego, recuerda que Jesús promete estar siempre contigo.

"Enséñenles a obedecer todo lo que les ha mandado a ustedes. Por mi parte, yo estaré con ustedes todos los días, hasta el fin del mundo" Mateo 28:20.

Tentación: El gran escape

5

META DE LA LECCIÓN

Ayudar a los niños a darse cuenta de la importancia de evitar la tentación.

OBJETIVOS

Los niños:
- jugarán un juego que simula la emoción de la tentación;
- aprenderán lo que le ocurrió a un personaje bíblico que se puso a juguetear con cosas prohibidas;
- desarrollarán estrategias para resistir la tentación; y
- recordarán la importancia de su relación con Dios.

BASE BÍBLICA

Josué 6:1—7:26

La fascinación a jugar en un terreno prohibido se remonta hasta el tiempo mismo de Adán y Eva. Las reglas de Dios eran claras. La decisión de ignorar esas reglas "sólo por esta vez," cambió por entero y para siempre la relación de la humanidad con Dios.

Para Dios la purificación de Canaán era asunto serio. Él ordenó que se matara a todos los habitantes de las ciudades y pueblos, incluyendo hasta el ganado. Todo lo que era de valor debía traerse al tesoro del tabernáculo. Dios quería que su pueblo no se contaminara con ninguna cosa asociada con las religiones paganas cananeas.

NECESITA

- ❏ una pañoleta
- ❏ una canica (bolita de vidrio) para cada alumno
- ❏ una mesa
- ❏ Biblias
- ❏ pizarrón
- ❏ tiza (gis)
- ❏ cinta adhesiva
- ❏ copias o fotocopias de la hoja de ejercicios "¡Huye! (p. 61) u hojas de papel
- ❏ lápices

Pero un israelita llamado Acán vio un precioso manto babilónico y un montón de oro y plata, y pensó: "De seguro que no importa nada si tomo esto sólo esta vez . . . ." La desobediencia directa acarreó serias consecuencias: el pueblo perdió una batalla, y Acán y toda su familia sufrieron la desgracia pública y murieron apedreados.

Las reglas de Dios son igualmente indiscutibles hoy, así como lo fueron en días de Acán. Sólo hay una cosa que hacer cuando se enfrenta la tentación: ¡Huir de ella!

1 Corintios 10:13

Los niños tienen la tendencia de pensar que los problemas y tentaciones que ellos enfrentan son diferentes de los de todos los demás. Pero Pablo nos asegura que Dios no permite que nos vengan tentaciones que nadie más ha enfrentado igualmente. Y además, los niños pueden aprender a confiar en que ninguna tentación es demasiado grande como para ser vencida. Dios promete una salida; y Él estará allí para ayudarnos si se lo permitimos.

COMPRENDIENDO A SUS ALUMNOS

Generalmente los niños saben mucho en cuanto a la tentación. Empieza cuando a escondidas toman una galleta. Con el correr del tiempo crece a proporciones que en realidad ponen en peligro la vida, cuando jóvenes enfrentan la presión de aprender a usar drogas e ingerir bebidas alcohólicas. Es importante que nosotros, los adultos, veamos lo que hay detrás del deseo de los muchachos de salirse de los límites seguros y establecidos.

Para los niños menores, tanto como para los de más edad, la motivación usualmente es la curiosidad, el deseo de conocer las cosas de primera mano, antes que aceptar el conocimiento y advertencias de las personas que están en autoridad. La rebelión también juega una parte. Los muchachos quieren fijar sus propios límites antes que aceptar los que otras personas les imponen.

En la sociedad de hoy, con la filosofía de "cualquier cosa es buena si resulta para ti," los niños y niñas necesitan más que nunca los límites establecidos por Dios. Necesitan comprender que Dios no es ningún vejete avinagrado en el cielo; Él nos dio reglas porque nos ama. Y los niños y niñas necesitan ver que unos pocos momentos de jugueteo emocionante en las zonas prohibidas pueden producir resultados desastrosos.

La lección

SUGERENCIA AL MAESTRO

Si los niños tienen dificultad para robarse las joyas, sugiérales que podrían todos ir a la vez para arrebatar la pañoleta. Unos cuantos quedarán quemados, pero es casi seguro que alguien logrará escaparse.

El robo de joyas

Si el día es claro y se presta para hacerlo, realice este juego afuera y sobre la hierba. Pida que los niños formen un círculo de como 3 metros de diámetro. Escoja una persona para que sea el "que quema." Ate las canicas (bolitas de vidrio) en una pañoleta, y ponga estas "joyas" a los pies del "que quema." Si tiene más de 20 niños, forme varios círculos. Necesitará una pañoleta y canicas para cada círculo.

Diga: **El objeto del juego es robarse las joyas. Pero hay que tener cuidado, porque si el "que quema" toca a la persona que trata de robarse las joyas, esa persona debe quedarse inmóvil hasta que se acabe el juego. Si alguien logra robarse las joyas sin que lo toque el que quema, debe regresar a su lugar, y entonces esa persona se convierte en el "que quema," y el juego se repite.**

Puede jugar varias vueltas de este juego, porque usualmente alguien se las arregla para robarse las joyas en apenas unos pocos segundos. Este juego resulta muy bien con niños y niñas de diferentes edades, porque los menores pueden moverse con asombrosa agilidad, y tienen la ventaja de presentar un blanco más pequeño.

Después de una pocas vueltas del juego, diga:

● **¿Cómo les pareció robarse las joyas?** (divertido; emocionante.)

● **¿Qué sentían al tratar de robarse las joyas, sabiendo que había el riesgo de que los quemaran?** (Fue emocionante, pero daba miedo; yo sabía que podía robarme las joyas sin que me quemaran.)

● **¿En qué se parecen esos sentimientos a lo que se siente cuando uno es tentado a hacer algo que se sabe que es malo?** (En realidad quiero hacerlo, pero tengo miedo de que me pesquen.)

● **¿En qué se parece este juego a la acción de ceder a la tentación?** (Queremos robarnos las joyas aun cuando sabemos que es peligroso.)

● **¿En qué se diferencia?** (Esto es solo un juego, en realidad no quebrantamos ninguna regla ni hacemos nada malo; se supone que debemos tratar de robarnos las joyas.)

Diga: **Usualmente la tentación incluye desobedecer algunas reglas, o hacer algo que sabemos que se supone que no debemos hacer. Usualmente hay algo que queremos; sabemos cuáles son las reglas, y tenemos que tomar una decisión. La persona acerca de la cual vamos a aprender hoy en la historia bíblica tomó una mala decisión. Veamos lo que le pasó.**

ESTUDIO BÍBLICO

¡Tentado! (Josué 6:1—7:26)

Diga: **Después de más de 300 años de esclavitud en Egipto y de 40 años de vagar por el desierto, el pueblo hebreo estaba listo para entrar a su nuevo hogar en la tierra de Canaán. Solo que había un pequeño problema. Ya había gente que vivía en esa tierra, y no se iban a mudar solo para que el pueblo de Dios entrara a vivir allí. ¡Esto quería decir guerra!**

En Canaán la gente vivía en ciudades fortificadas, con altas murallas. Vamos a hacer una de aquellas ciudades ahora mismo.

Haga que los niños y niñas le ayuden a colocar una mesa en el centro del salón. Ponga las joyas (todavía en la pañoleta) de la actividad de "Robarse las Joyas," bajo el centro de la mesa. Luego forme dos grupos, con los muchachos mayores en un grupo y los menores en el otro. Pida que los muchachos mayores formen la muralla para la ciudad, colocándose de pie alrededor de la mesa, en círculo, mirando hacia afuera.

Diga: **Acabamos de construir la ciudad de Jericó. Ahora el resto de ustedes va a ser el ejército que conquista la ciudad.**

Pregunte:

● **¿Puede alguien decirme cómo le dijo Dios a Josué que atacara a Jericó?** Varios niños pueden saber las instrucciones que Josué le dio a su ejército. Repáselas pidiendo que voluntarios lean en voz alta Josué 6:1-8, 14-16.

Diga a los niños menores: **Ahora bien, ustedes los soldados tienen sus órdenes de marcha. Marchemos alrededor de Jericó siete veces.**

Dirija a los soldados en una marcha vigorosa, siete veces alrededor de las "murallas." Luego guíe a los soldados a gritar al contar tres, y dé señal a las paredes para que se derrumben.

Pida que todos tomen asiento en el suelo mientras usted continúa con la historia.

Diga: **¡Esa fue una victoria muy impresionante! Pero surgió un problema cuando uno de los soldados no siguió las órdenes. Josué le dijo a sus tropas que trajeran todos los tesoros de la ciudad y se los entregaran a los sacerdotes como una ofrenda para Dios. Así lo hicieron, todos, excepto un hombre llamado Acán. Acán llegó a una casa y miró lo que había dentro.**

Guíe a los muchachos a mirar debajo de la mesa.

Diga: **Allí Acán encontró un tesoro, talegas de plata y oro, y un precioso manto.**

Abra la pañoleta y exhiba las canicas que representan el tesoro.

Pregunte:

● **¿Qué se supone que Acán debía hacer con el tesoro?** (Traerlo a los sacerdotes.)

Diga: **Pero él pensó: "¡Puedo ser rico! Los sacerdotes nunca echarán de menos este poquito de oro y plata." De modo que tomó el tesoro y lo escondió en su tienda.**

Así Acán se enriqueció y vivió feliz para siempre, ¿verdad? ¡No! Debido a que Acán cedió a la tentación ocurrieron cosas terribles. Los hebreos perdieron la siguiente batalla, y Dios le mostró a Josué que la culpa era de Acán. De modo que para quitar del pueblo el pecado, tuvieron que matar a Acán y a toda su familia apedreándolos.

Pregunte:

● **¿Por qué esta historia tiene un final triste?** (Debido a que Acán cedió a la tentación.)

● **¿Cómo piensan ustedes que se sintió Acán cuando lo descubrieron?** (Culpable; con miedo; triste.)

● **¿Piensan ustedes que Acán se hubiera sentido de la misma manera si nunca lo hubieran descubierto? ¿Por qué sí o por qué no?** (Sí, de todas maneras se hubiera sentido culpable y con miedo porque sabía que había hecho algo malo; no, había decidido desobedecer a Dios, de modo que no le importaba lo que Dios o alguna otra persona pensara.)

Diga: **Hoy día Dios usualmente no castiga la desobediencia ordenando que se mate a las personas. Pero cuando le desobedecemos, dañamos nuestra amistad con Él, y eso lo entristece.**

APLICACIÓN A LA VIDA

Pregunte:

● **¿Piensan ustedes que la gente alguna vez se alegra al ceder a la tentación cuando nunca se les pesca? ¿Por qué sí o por qué no?** (Sí, a algunas personas el pecado les tiene sin cuidado; no, las personas se sienten tristes y culpables, aun cuando no sean descubiertas.)

● **¿Qué clase de cosas tientan a los niños y niñas hoy?** (Hacer trampas en la escuela; decir palabrotas; ser respondones con los padres y a los maestros; tratar de fumar cigarrillos o de beber licor; ver películas sucias o programas sucios de televisión; robarse confites y otros artículos de las tiendas y almacenes.) En una mitad del pizarrón haga una lista de las cosas que indican los muchachos.

● **¿Qué ocurre cuando los niños y niñas ceden a tentaciones como estas?** Para cada tentación que han mencionado los niños, pida que indiquen una consecuencia. Anote sus respuestas en la otra mitad del pizarrón.

CONSAGRACIÓN

Alejarse

Déle a cada niño y niña una copia de la hoja de ejercicios "¡Huye! (p. 61) y un lápiz. Pida que un voluntario lea en voz alta el versículo bíblico.

Diga: **Dios quiere que huyamos de las cosas que nos tientan. Veamos la lista que hicimos de cosas que nos tientan. ¿Cómo podríamos huir de ellas?**

Lea las cosas que anotó en la lista, y pida que los niños y niñas digan maneras en que pueden huir y alejarse de ellas. Luego pida que usen el espacio en blanco de la hoja de ejercicios que han recibido para dibujar algo que es tentación para ellos. Demuestre cómo doblar la hoja de ejercicios para que la cosa tentadora "desaparezca."

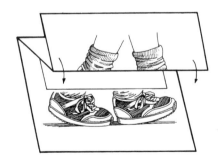

Después de que los niños y niñas hayan concluido su dibujo, pregunte:

● **¿De qué manera huir de la tentación hace que ésta desaparezca?** (En realidad la tentación no desaparece, pero huir de ella evita que se caiga en ella.)

● **¿Por qué es más difícil resistir la tentación, si sigo pensando en ella?** (Mientras más pienso en alguna cosa, más la quiero.)

CONCLUSIÓN

El tesoro más grande

Déle a cada niño y niña una de las canicas de la actividad de "Robarse la Joyas."

Diga: **Las cosas que nos tientan pueden parecer buenas por un tiempo. Pero siempre hay consecuencias que pagar si cedemos a la tentación.** (Si quiere que los niños se lleven la canica o bolita de vidrio, indíquelo así. Luego diga:) **Esta canica será un recordatorio de que Dios es nuestro tesoro más grande, y que no queremos ceder a ninguna tentación ni destruir nuestra relación con Él.**

Concluya con oración, pidiendo que Dios ayude a los niños a huir de las tentaciones que se presentan en sus vidas.

¡HUYE!

¿Cuál es tu tentación más grande? En el espacio en blanco haz un dibujo que indique esa tentación. Luego dobla la hoja para que desaparezca de tu vista, y acuérdate de huir de la tentación la próxima vez que se presente.

"Ustedes no han pasado por ninguna prueba que no sea humanamente soportable. Y pueden ustedes confiar en Dios, que no les dejará sufrir pruebas más duras de lo que pueden soportar. Por el contrario, cuando llegue la prueba, Dios les dará también la manera de salir de ella, para que puedan soportarla" 1 Corintios 10:13.

6 Cuando la vida no es justa

META DE LA LECCIÓN

Ayudar a los niños a confiar en que Dios está en control de todo, incluso cuando la vida parece ser injusta.

OBJETIVOS

Los niños:
- ● dialogarán sobre las reacciones a una situación injusta;
- ● descubrirán cómo Dios obró para proteger a su pueblo en una situación injusta; y
- ● se comprometerán a confiar en Dios cuando no pueden comprender o ver el resultado.

BASE BÍBLICA

Ester 1:9—8:12

¡Qué cuento de espías e intriga internacional! El libro de Ester contiene una de las historias más emocionantes de la Biblia. Un perverso primer ministro tramó la destrucción del pueblo judío, pero Dios vino al rescate, en respuesta a las súplicas de una hermosa y obediente reina y su pueblo.

A nosotros, en nuestra sabiduría humana simple, nos gustaría predecir que Dios siempre hará caer a los malos y rescatará a los fieles, como ocurre en el libro de Ester. Pero los caminos de Dios son mucho más altos que los nuestros, y hay ocasiones en que Él permite que los justos sufran. La cuestión de fondo para esta lección es que las cosas no siempre resultan "justas," pero que podemos confiar en que Dios nos cuidará y hará que al final sus planes resulten.

Salmo 37:1-3

Nuestra sociedad enseña que el resultado es lo que más importa. El fin justifica los medios. Este salmo contradice directamente esa filosofía moderna. Nuestra tarea es sencillamente confiar en el Señor y hacer el bien. Podemos, y debemos, dejarle a Él los resultados.

COMPRENDIENDO A SUS ALUMNOS

Los niños tienen un sentido extremadamente fuerte de lo que es justo. Todo mundo debe recibir exactamente el mismo número de galletas. Si te trato bien, debes tratarme bien. Los niños que juegan según las reglas deben ganar. Si me pescan peleando, mi castigo no debe ser más severo que el de la otra persona.

Los niños más pequeños confían en los padres, los profesores y otras figuras en autoridad, para que legislen la justicia y equidad en sus vidas. Y se fastidian mucho cuando no ven que se hace justicia, según ellos la ven.

Para cuando llegan al tercero o cuarto grado de educación elemental, usualmente los niños ya han descubierto que la vida no siempre va a ser justa. Los padres se divorcian. Los que hacen trampas y los malandrines algunas veces se salen con la suya. Las mascotas y los seres queridos se enferman y mueren. Y esforzarse intensamente no siempre produce éxito. Cuando estas cosas ocurren, los niños pueden empezar a sentir que la vida está fuera de control.

Los niños (¡y los adultos!) necesitan ver que Dios está obrando, incluso en medio de circunstancias devastadoras, y que su justicia prevalecerá al final.

La lección

PARA CAPTAR LA ATENCIÓN

Concurso de fuerza

Diga: **Vamos a empezar hoy un concurso de fuerza en los brazos. Voy a formarlos en parejas para la primera competencia. Los ganadores recibirán uno de estos premios.**

Muestre los premios o sorpresas que ha traído.

Al formar las parejas, asegúrese de que una persona es mucho más grande y fuerte que la otra, de modo que el resultado de la competencia sea obvio.

En cada pareja las personas deben colocarse de frente, poner los codos sobre la mesa, tomarse de las manos y procurar empujar la mano de la otra persona hasta que toque la mesa. Dé la señal para que empiece la lucha de fuerza. Luego pida que los ganadores se pongan de pie, y reparta los premios a los perdedores. Para entonces la mayoría de los niños y niñas estarán protestando, y diciendo: "¡No es justo!" o "¡Así no vale!"

Pregunte:

● **¿Cómo se sintieron al participar en estas competencias de lucha?** (No eran justas.)

● **¿Que cosa fue injusta en la manera en que yo arreglé las competencias y los resultados?** (Algunas personas son mucho más fuertes que la pareja que les tocó; algunos niños no tenían ni la más remota posibilidad de ganar; los ganadores son los que deberían recibir los premios.)

SUGERENCIA AL MAESTRO

Al empezar a formar parejas para esta competencia obviamente dispareja, los niños protestarán. Sea positivo y anímeles, diciendo: "Lo sé, pero hagámoslo así y veamos lo que pasa."

● **¿Cómo se sintieron al tener que luchar contra una persona ante la cual estaban seguros de que iban a perder? ¿o cuando estaban seguros de que iban a ganar?** (No tenía ninguna gana de luchar; me dio lástima por la otra persona.)

● **¿En qué se parecen estas competencias injustas de lucha, con las cosas que algunas veces nos ocurren en la vida?** (Algunas veces los profesores o padres toman decisiones que no son justas; algunas veces todos los atletas de la escuela se reúnen en un grupo, y sabemos que perderemos.)

● **¿Qué es la cosa más injusta que le ha ocurrido a alguno de ustedes?** (En la escuela me echaron la culpa de algo que yo no hice; me enfermé el día en que debíamos ir al parque de diversiones; mis padres se divorciaron.)

● **¿Cómo se sintieron cuando ocurrieron esas cosas injustas?** (Furioso; quería que Dios arreglara todo.)

Diga: **Hoy vamos a participar en una historia bíblica que empezó con una situación realmente injusta. Las cosas andaban tan mal, que parecía que el pueblo de Dios iba a ser exterminado por completo. Veamos qué ocurrió.**

ESTUDIO BÍBLICO

Un complot perverso (Ester 1:9—8:12)

Practique con la clase cada una de esas señales y respuestas:

● **Cada vez que yo diga "Ester" las niñas pondrán sus manos con los dedos abiertos sobre sus caras y dirán: "¡Ah!"**

● **Cada vez que yo diga "rey" los niños dirán: "¡Que viva para siempre!"**

● **Cada vez que yo diga "Mardoqueo" unan sus manos como en oración y digan: "Un judío devoto."**

● **Cada vez que yo diga "Amán" todo mundo debe abuchear y pifiar.**

● **Cada vez que yo diga "el Señor" todos responderán diciendo: "¡Dios todopoderoso!"**

Entonces diga: **¿Listos? Aquí va la historia: "La reina y el complot perverso."**

Lea en voz alta la historia "La reina y el complot perverso" que consta en las páginas 68-69. Haga una pausa después de

SUGERENCIA AL MAESTRO

Practique varias veces las señales y respuestas, en orden variado, antes de empezar la historia. Si tiene mayormente niños pequeños, tal vez quiera usar solamente tres o cuatro señales y respuestas.

cada palabra subrayada, para que los niños ejecuten la acción indicada.

Pregunte:

● **¿Cómo se hubieran sentido si hubieran sido uno de los judíos que iban a matar?** (Furioso; asustado.)

● **En lugar de encolerizarse contra Dios, o sentirse frustrados, ¿qué hicieron Mardoqueo y Ester?** (Ayunaron, y animaron a las demás personas para que ayunaran también; confiaron en que Dios les ayudaría; prepararon un plan sabio.)

● **¿Cómo piensan ustedes que Dios quiere que respondamos cuando nos ocurren cosas injustas en nuestras vidas?** (Quiere que oremos y confiemos en Él; que actuemos sabiamente.)

APLICACIÓN A LA VIDA

¿Por qué preocuparse?

Diga: **Dios quiere que confiemos en Él cuando enfrentamos situaciones atemorizantes, así como lo hicieron Ester y Mardoqueo. Veamos cómo se siente esa clase de confianza.**

Si tiene más que 15 niños tal vez quiera realizar esta actividad en grupos de no más de 10 niños a la vez. Pida que formen parejas. Forme parejas de un niño mayor con un niño más pequeño. Haga que una pareja salga del salón. Las demás parejas formarán con sus cuerpos un curso de obstáculos. Pueden sentarse, quedarse de pie, arrodillarse o formar arcos.

Vende los ojos de unos de los niños de la pareja que salió del salón. Luego pida que el niño sin la venda guíe a su compañero a recorrer el curso de obstáculos. Luego pida que la pareja invierta sus papeles, y recorra nuevamente el curso de obstáculos.

Haga salir del salón a otra pareja y pida que el resto forme un nuevo curso de obstáculos. Continúe de esta manera hasta que cada persona haya recorrido el curso de obstáculos con los ojos vendados.

Reúna luego a los niños en un círculo, y pregunte:

● **¿Qué sintieron al tener que recorrer el camino de obstáculos sin poder ver?** (Asustado; divertido; no quería hacerlo.)

● **¿Cuánta importancia tenía la ayuda de la otra persona?** (Mucha; nunca hubiera podido hacerlo sin su ayuda.)

● **¿Qué sintieron al tener que confiar en su compañero o compañera?** (No sabía si podía confiar en él/ella; me hubiera gustado que me hubiera explicado mejor lo que estábamos haciendo.)

● **¿En qué se parece esto a la confianza que debemos tener en Dios cuando no sabemos cómo van a resultar las cosas en nuestras vidas?** (Sabemos que Dios está allí; no sabemos exactamente lo que Él está haciendo; algunas veces quisiéramos ver a Dios físicamente y que Él nos explicara las cosas.)

Pida que abran sus Biblias al Salmo 37:1-3, y que un voluntario lea en voz alta el pasaje.

Pregunte:

● **¿Qué cosas quiere Dios que no hagamos?** (Que nos preocupemos; que nos pongamos celosos.)

● **¿Qué cosas quiere Dios que sí hagamos?** (Que confiemos en que Él hará que todo resulte bien.)

● **¿Qué es lo más difícil en cuanto a confiar en Dios cuando la vida parece ser injusta?** (Algunas veces parece que no nos está ayudando o que no le importa.)

● **¿En qué se parece el hecho de confiar en Dios con el hecho de confiar en el compañero? ¿En qué se diferencia?** Expliquen. (Tengo que confiar en el compañero cuando no comprendo lo que está ocurriendo; Dios nunca me hará tropezar, pero mi compañero sí puede hacerlo.)

CONSAGRACIÓN

Confiar

Déle a cada niño una copia del "Mosaico misterioso" (p. 71), y uno de los lápices de color que haya conseguido.

Diga: **Cuando ustedes resuelvan este misterio, sabrán exactamente lo que Dios quiere que hagan la próxima vez que piensen que la vida es injusta.**

Conceda tiempo para que los niños coloreen los espacios con puntos, y descubran la palabra "confía." Anime a los niños a guardar en secreto la palabra hasta que todo mundo haya terminado de pintar y descubierto la palabra. Pida que los niños mayores ayuden a los niños más pequeños a saber cuál es la palabra.

Luego pida que usen el espacio en el cuadro en blanco para que dibujen o escriban respecto a alguna situación injusta en sus vidas (o en el mundo), en la cual necesitan confiar en Dios.

La reina y el complot perverso

Un poderoso rey gobernaba en Persia, y una hermosa joven judía, Ester, había llegado a ser la reina poco antes.

El tío de Ester, Mardoqueo, trabajaba en el palacio. Un día Mardoqueo oyó a dos hombres mientras hacían planes para matar al rey. Se lo dijo a la reina Ester, y ella se lo dijo al rey. Así se desbarató el plan.

Poco después de eso, un hombre perverso llamado Amán llegó a ser primer ministro. Era el segundo al mando en todo el reino. Amán llegó a tener tanto poder que todo mundo se inclinaba y le hacía una reverencia cuando él pasaba; todo mundo, excepto Mardoqueo. Amán aborrecía a Mardoqueo porque no se inclinaba cuando él pasaba. De modo que Amán preparó un plan perverso para librarse de Mardoqueo.

Amán persuadió al rey de que los judíos eran un pueblo rebelde y peligroso. Así que el rey le dio a Amán permiso para que dictara un decreto real. En cierto día en particular, se debía matar a todos los judíos en Persia. Y cualquiera podía quedarse con todo lo que poseyeran los judíos que matara, sea en dinero o propiedades. ¡Qué horrible! ¡Qué injusto!

Cuando Mardoqueo oyó de este terrible complot le dijo a la reina Ester:

—Debes suplicarle al rey, para que no se destruya a nuestro pueblo.

La reina tuvo miedo. Podía morir si entraba sin permiso al salón del trono del rey. De modo que la reina Ester le dijo a Mardoqueo: —Reúnan a todos los judíos de la ciudad, y ayunen por tres días. No coman nada.

Tres días más tarde la reina Ester se vistió con sus mejores vestidos de reina, y entró en el salón del trono. El rey le dio la bienvenida; y así la reina entró sin correr peligro. El Señor había respondido a las oraciones del pueblo. La reina invitó al rey y a Amán a un banquete especial esa noche. En el banquete el rey preguntó: —¿Qué es lo que quieres pedir? Dímelo y yo te lo concederé—. Pero la reina se limitó a sonreír y a invitar a los dos hombres a otro banquete al día siguiente.

Amán se sintió orgulloso de que se le rindiera honores en un banquete especial dado por la reina. Con pasión deseaba poder librarse de Mardoqueo, la única persona que no se inclinaba ante él. —¿Por qué no librarte de una vez por todas de ese judío fastidioso?— le sugirió su esposa. —Puedes pedirle al rey permiso en la mañana para ahorcarlo, y luego dirigirte al banquete de la reina—. A Amán le gustó la idea, e inmediatamente hizo construir una horca muy alta para colgar a Mardoqueo.

Pero el Señor tenía otros planes. Esa noche el rey no pudo dormir, de modo que le pidió a sus criados que le leyeran los registros de su reino. Le leyeron el relato de la ocasión cuando Mardoqueo había salvado la vida del rey. —Debo honrar a este hombre—, dijo el rey.

A la mañana siguiente Amán llegó para pedir permiso para ahorcar a Mardoqueo. Pero antes de que pudiera hablar, el rey le preguntó: —¿Qué debo hacer para honrar a un hombre que ha hecho algo que realmente me complace?

Amán pensó que el honor sería para sí mismo. —Ah, señor—, le contestó, —le vestiría de los vestidos reales y pondría a alguien que marchara delante de él por las calles, en el propio caballo del rey, gritando: "¡Así es como el rey honra a los que realmente le complacen!—. —¡Excelente—, replicó el rey. —Ve a buscar a Mardoqueo y haz con él exactamente como has descrito.

Amán casi no podía creer lo que oían sus oídos, pero obedeció y llevó a Mardoqueo por las calles de la ciudad en esplendor real. Luego se apresuró a ir al banquete ofrecido por la reina.

—Dinos por qué nos has invitado—, dijo el rey. —¿Qué es lo que deseas? Te lo concederé, aun cuando sea la mitad de mi reino.

La reina Ester replicó: —Por favor, majestad, salva mi vida y la de mi pueblo. ¡Hay un complot perverso contra nosotros!

—¿Y quién es el que quiere hacerles daño?—, exigió saber el rey.

—Este hombre—, dijo la reina Ester, señalando a Amán, el cual se había puesto pálido por el terror.

Uno de los criados se apresuró a decir: —Su majestad, este hombre acaba de hacer construir una horca muy alta. Estaba planeando ahorcar allí a Mardoqueo, el hombre que te había salvado la vida.

—¡Cuelguen a Amán en su propia horca!— ordenó el rey. Y así lo hicieron.

Poco después Mardoqueo llegó a ser el nuevo primer ministro. Consiguió permiso para dictar un decreto real diciéndoles a los judíos que se defendieran el día que se había fijado para atacarlos y matarlos. El Señor no abandonó a su pueblo. En lugar de ser destruidos, los judíos se hicieron más fuertes que antes.

CONCLUSIÓN

Dios obra

Reúna a todos y pida que algunos voluntarios indiquen lo que dibujaron o escribieron. Tómense de las manos y concluya con una oración, pidiendo que Dios haga que las cosas resulten para bien en cada una de esas situaciones, así como resultaron para bien en el caso de Mardoqueo y la reina Ester.

MOSAICO MISTERIOSO

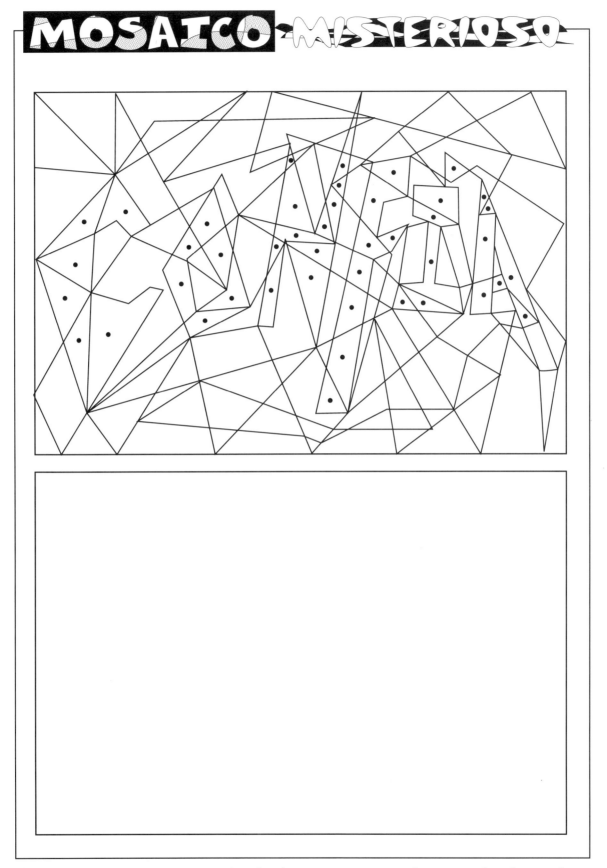

Colorea los espacios con puntos para descubrir lo que Dios quiere que hagas cuando enfrentas alguna situación injusta en tu vida.

Mis relaciones con otros

Decir la verdad

7

META DE LA LECCIÓN

Ayudar a los niños a darse cuenta de que Dios espera que su pueblo diga la verdad.

OBJETIVOS

Los niños:
- participarán en la creación de una historia cómica;
- explorarán un ejemplo bíblico de veracidad;
- improvisarán una breve dramatización practicando el decir la verdad en situaciones difíciles; y
- le pedirán a Dios ayuda para ser veraces.

BASE BÍBLICA

2 Crónicas 18:3-34

Esta historia tiene lugar durante el período del reino dividido. Josafat, rey de Judá, era un hombre piadoso. Pero Acab, rey de Israel, tenía por costumbre desafiar y burlarse de Dios. Acab se había rodeado de un nutrido grupo de falsos profetas, cuyo propósito principal era tener contento al rey. Micaías, el único profeta que estaba en contacto con Dios, se había ganado la aversión de Acab, porque insistía en decir la verdad. En esta historia, Micaías dice la verdad, aun cuando sabe que el rey le echará en la cárcel por decirla.

En nuestra sociedad la gente a menudo hace y dice "cualquier cosa que valga," antes que lo que realmente es la verdad. Nuestro desafío es ser tan veraces, en contacto

NECESITA

- ❏ una pluma o bolígrafo
- ❏ dos coronas de papel dorado (opcional)
- ❏ tres batas de baño o sábanas (opcional)
- ❏ barbas falsas y pelucas (opcional)
- ❏ Biblias
- ❏ copias del drama "¿A la guerra o no?" (p. 79)
- ❏ una cuerda larga o cordel
- ❏ una fotocopia de la hoja de ejercicios "Diga la verdad" (p. 83)
- ❏ tijeras

NOTA

Esta es una buena lección para una clase de edades combinadas. Si lo desea, invite a familias enteras para esta sesión.

75

íntimo con Dios, y dispuestos a mantenernos firmes en la verdad, así como lo hizo Micaías.

Juan 8:31-32

Cuando Jesús dice: "Conocerán la verdad, y la verdad los hará libres," está hablando primordialmente de la libertad que resulta de una relación con Dios. Una vez que somos libres del pecado, también somos libres para decir la verdad, bajo cualquier circunstancia.

COMPRENDIENDO A SUS ALUMNOS

Aun los niños de hogares cristianos sólidos parecen aprender a mentir tan pronto como aprenden a hablar. Hay algo engañoso en la naturaleza humana que nos hace querer cubrir nuestras huellas. Vivir con integridad es un desafío continuo para todos los creyentes, sean niños o adultos. El asunto clave para enseñar a los niños es que Dios nos perdonará lo malo que hacemos si somos sinceros al arrepentirnos. Cualquier supuesta ganancia temporal adquirida por la conducta insincera o falsa pasará pronto; la pérdida de integridad es una consecuencia mucho mayor que al final se paga.

Los niños más pequeños pueden aprender que está bien decir la verdad, si sus confesiones sinceras de faltas y errores reciben perdón y la oportunidad para empezar de nuevo.

Los niños mayores han aprendido a dominar el arte de decir "medias verdades" o "mentiras blancas." Necesitan ver que Dios nos llama a una integridad perfecta, y que es mejor vivir con las consecuencias de decir la verdad antes que con una conciencia culpable.

Tiras cómicas

Diga: **Ustedes conocen las secciones de tiras cómicas de los periódicos. En nuestra clase hoy vamos a empezar una nueva tira cómica.**

Pida que los asistentes formen tres grupos. Usted les pedirá a los grupos, por turno, las palabras que necesitan para completar la historia de la "Tira cómica" de la página 78. Asegúrese de tener un adulto o un niño mayor en cada grupo, que pueda ayudar a los demás a encontrar las palabras correctas para la historia, conforme usted las pide.

Diga: **Voy a pedir a cada grupo que me dé una clase diferente de palabra o sustantivo. Cuando sea el turno de su grupo, formen un círculo apretado, y decidan la palabra que deseen dar. Luego díganla en voz alta. Cuando hayamos llenado todos los espacios en blanco, leeré en voz alta nuestra Tira Cómica.** Anote las palabras que den los asistentes, en los espacios en blanco de la historia de la Tira Cómica, y luego lea la historia en voz alta, incluyendo las palabras que dieron los niños.

Después de que haya leído la historia completa, pregunte:

● **¿Qué tiene de cómico esta historia?** (Las palabras no encajan en realidad; suena raro.)

● **¿Qué estamos haciendo cuando decimos cosas que no son verdad?** (Mentimos.)

● **¿De qué forma esta tira cómica se parece a la mentira?** (Estábamos inventando cosas según nos tocaba el turno; la historia no es cierta.)

● **¿De qué forma esto es diferente de mentir?** (Seguimos las instrucciones que nos dieron; no estábamos haciendo esto para falsear algo.)

● **¿Por qué copiar el examen de otra persona es lo mismo que mentir?** (Estamos pretendiendo saber algo que en realidad no sabemos.)

● **¿En qué ocasiones se ve la gente más tentada a mentir?** (Cuando no quiere meterse en problemas.)

Diga: **Es divertido inventar historias. Pero en la vida real Dios quiere que digamos la verdad, aun cuando no es fácil. Hoy vamos a aprender sobre un hombre en la Biblia que hizo precisamente eso.**

77

Tira cómica

_____ no le gustaba _____. Es más, le parecía que era la
(nombre de una niña)   (materia escolar)

materia más _____. De modo que nunca estudiaba ni hacía sus _____.
            (adjetivo)   (cosa)

Al final del trimestre tenía muy malas _____.
                                        (cosas)

"Ay, no," _____. "Voy a recibir una calificación muy
          (verbo en tiempo pasado)

_____ en esta clase. ¿Qué voy a _____?
(adjetivo)   (verbo)

El día del examen final se sentía muy _____. De súbito le vino una
                                        (adjetivo)

_____ idea. _____ estaba sentado justo a su lado. Él era un
(adjetivo)   (nombre de un niño)

_____ estudiante, y ella podía ver _____ su examen.
(adjetivo)   (adverbio)

"Voy a _____ su examen," pensó ella. "Así me aseguraré de recibir
       (verbo)

una _____ calificación.
    (adjetivo)

De repente la sombra de la maestra _____ sobre su pupitre. La maestra le
                                    (verbo en tiempo pasado)

arrebató el examen y lo _____ al _____. _____.
                        (verbo en tiempo pasado) (cosa)   (nombre de la misma niña)

sabía que se había metido en un gran _____.
                                      (cosa)

¿A la guerra o no?

NARRADOR: Vamos a presenciar un encuentro entre dos grandes reyes. (Señal para que los niños digan "¡Uuh!"). Josafat es el rey de Judá. Es un hombre bueno, y trata de seguir a Dios lo mejor que puede. Acab es el rey de Israel. Es un hombre muy malo, que hace lo que se le antoja y que ignora las leyes de Dios.

ACAB: Josafat, ¡qué bueno verte, viejo. ¿No te parece que hace muy buen tiempo como para salir a la guerra? ¿Qué te parece si reunimos nuestros ejércitos y nos vamos a atacar a Ramot de Galaad? Podemos exterminarlos en cuestión de minutos, y añadir unas cuantas jugosas riquezas a nuestros tesoros reales. ¿Qué te parece?

JOSAFAT: Este, . . . me parece bien. Siempre me gusta ayudar a mis vecinos. Pero, ¿no crees que debemos primero consultar con Dios respecto a esto? Quiero decir, la guerra es cosa seria.

ACAB: Está bien. Está bien. Me supuse que dirías algo así. (Grita) ¡Llamen a los profetas!

NARRADOR: De repente 400 profetas aparecieron en escena. (Señal para que los niños digan "¡Uuh!") "A la guerra!" gritaron todos. "Dios les dará la victoria." Pero Josafat no quedó convencido.

JOSAFAT: Eh; no quiero parecer grosero, pero ¿no tienes ningún profeta verdadero?

ACAB: Me temía que ibas a preguntar eso también. Sí, tenemos uno de esos profetas. Se llama Micaías. Pero siempre me profetiza cosas malas. ¡No puedo aguantarlo! (Señal para que los niños digan "¡Uuh!").

JOSAFAT: No deberías hablar así del profeta del Señor.

ACAB: Sí, sí, ya sé. Está bien. Que alguien vaya y traiga al señor Malas Noticias.

NARRADOR: El rey envió un mensajero para que trajera a Micaías.

MENSAJERO: Mira Micaías, hay más de 400 profetas allí, y todos están diciendo: "A la guerra." ¡Ahórrate dolores de cabeza! No seas mal agüero, y dile al rey lo que quiere oír.

MICAIAS: Puedo decir solamente lo que Dios me dice que diga.

MENSAJERO: Esto se puede poner feo. (Señal a los niños para que digan "¡Uuh!")

ACAB: ¡Ah! Ya estás por aquí, Micaías. Qué bueno que decidiste venir a visitarnos. Pues bien, ¿cuál es la palabra? ¿Debemos ir a la guerra o no?

MICAIAS: (Burlándose) ¡Por supuesto! ¡Adelante! De seguro que van a ganar.

ACAB: (Furioso) Deja de hacerte el payaso. ¿Qué es lo que realmente sabes?

MICAIAS: (Mirando hacia el cielo) Veo a tus ejércitos todos esparcidos en las montañas. Su líder ha muerto (Señal a los niños para que digan "¡Uuh!").

ACAB: Lo sabía. ¿No te dije que nunca me dice nada bueno?

NARRADOR: La profecía verdadera de Micaías hizo enojar mucho a los otros profetas, y uno de ellos vino y le dio una bofetada a Micaías. (Señal a los niños para que digan "¡Uuh!"). Y Acab se enfureció tanto que echó a Micaías en la cárcel y ordenó que se le diera sólo pan y agua. (Señal a los niños para que digan "¡Uuh!").

ACAB: Olvídate del señor Malas Noticias. Vamos a la guerra de todas maneras.

NARRADOR: Y así Acab y Josafat y sus ejércitos atacaron. Para no correr peligro Acab se vistió como un soldado ordinario. Pero una flecha entró precisamente por entre las uniones de su armadura, y el perverso rey de Israel murió ese mismo día. (Señal a los niños para que digan "¡Uuh!")

ESTUDIO BÍBLICO

Verdad o consecuencias (2 Crónicas 18:3-34)

Explique que el estudio bíblico de hoy lo harán en forma dramatizada, y que todo mundo va a tener una parte. Si ha invitado a adultos para la clase, pida que tres hombres hagan los papeles de Acab, Josafat y Micaías. Pida que otros estudiantes hagan la parte del narrador y del mensajero. El resto de la clase dirá "¡Uuh!" cuando usted les dé la señal.

Si pudo conseguirlas, pida que los personajes se disfracen con las cosas que trajo: coronas, batas de baño o sábanas, barbas o pelucas postizas.

Puede escoger leer el relato directamente de la Biblia, dando la señal a cada personaje para que lea las líneas cuando le toque el turno; o use una copia del relato "¿A la guerra o no?" de la página 79, que es una versión del relato en forma dramatizada.

Después de la dramatización los presentes darán a cada actor un fuerte aplauso.

Pregunte:

● **¿Piensan ustedes que fue fácil para Micaías decir la verdad? ¿Por qué sí o por qué no?** (No, sabía que al rey no le gustaría; sí, sabía que Dios le protegería.)

● **¿Por qué Micaías escogió decir la verdad cuando tantas personas estaban en su contra, y él sabía que eso solo le traería problemas?** (Quería obedecer a Dios; sabía que Dios estaría a su lado, pasara lo que pasara)

● **¿Han estado ustedes alguna vez en una situación cuando exigió mucho valor decir la verdad? Expliquen.** Las respuestas variarán. Si tiene adultos en la clase, a los niños les emocionará oír las luchas que sus padres o abuelos han tenido en cuanto a decir la verdad cuando eran más jóvenes.

APLICACIÓN A LA VIDA

Libertado

Muestre la cuerda o cordel y sosténgala en alto. Pida que todos formen un círculo.

Diga: **Quiero que cada uno de ustedes piense en alguna ocasión en que no dijeron la verdad en su totalidad. No tienen que decirla en voz alta; solo tienen que pensarla en su mente. Luego cada uno debe darle** una vuelta a la cuerda alrededor de su cuerpo y pasarla a la siguiente persona.

Vigile el proceso de envolverse, de modo que todo mundo acabe en un bulto unidos muy cerca a otra persona, pero no demasiado apretados.

Asegúrese de ser usted la última persona que se ata al bulto. Entonces pregunte:

● **¿Qué se siente estando todos envueltos y anudados así como estamos?** (Atrapado; asustado.)

● **¿En qué se parece esto a lo que ocurre cuando decimos una mentira?** (Tarde o temprano se nos atrapa; quedamos atrapados en una red de mentiras para cubrir la primera.)

● **¿Qué puede darnos libertad?** (El perdón de Dios nos da la libertad.)

Diga: **Jesús les dijo a sus discípulos: "Si se mantienen fieles a mi palabra, serán de veras mis discípulos; conocerán la verdad, y la verdad los hará libres." Jesús quiere que aceptemos el perdón que Él ofrece y que entonces vivamos con integridad ante Dios y ante los hombres.**

Si alguno de ustedes nunca ha pedido perdón por algún embuste o mentira, esta es un buena ocasión para hacerlo. Entonces, mientras nos desatamos, repitamos las palabras de Jesús: "La verdad nos hará libres."

SUGERENCIA AL MAESTRO

Si su grupo tiene más de 15 personas, tal vez usted quiera traer dos cordeles o cuerdas, y realizar esta actividad en dos grupos separados.

CONSAGRACIÓN

Decir la verdad

Después de que todos se hayan desatado, diga:

Jesús quiere librarnos de la falsedad y las mentiras. Practiquemos diciendo la verdad, al interpretar actuando algunas situaciones en la cuales es difícil decir la verdad.

Forme cuatro grupos. Asigne a cada grupo una de las situaciones indicadas en la hoja "Diga la verdad" (p. 83). Conceda algunos minutos para que los grupos preparen y planeen su actuación. Luego pídales que se turnen para presentar sus dramatizaciones.

Después de cada dramatización, pregunte por qué fue mejor decir la verdad en esa situación. Anime a los niños a decir lo que hubiera ocurrido si el personaje hubiera tratado de esconder lo que realmente había ocurrido.

SUGERENCIA AL MAESTRO

Anime a los grupos a ser creativos al seleccionar el "elenco" para sus dramatizaciones. Los niños más pequeños pueden hacer de padres; los adultos pueden hacer de niños pequeños.

CONCLUSIÓN

Oración por valor

Concluya con oración, pidiendo a Dios valor para decir la verdad, incluso cuando sea difícil.

Antes de que salgan los niños pídales que le den la mano a seis personas, diciendo a la vez: "La verdad te hará libre."

DIGA LA VERDAD

Copie y recorte estas situaciones respecto a decir la verdad.

Jesús espera que seamos veraces, incluso cuando no sea fácil serlo. Preparen una corta dramatización en cuanto a decir la verdad en esta situación.

Un pedazo de torta

Había solo un pedazo de pastel que quedaba. Se suponía que era para tu hermano. Pero tenías mucha hambre y te lo comiste. Ahora tu hermano está protestando y reclamando que alguien se ha comido su pastel.

Jesús espera que seamos veraces, incluso cuando no sea fácil serlo. Preparen una corta dramatización en cuanto a decir la verdad en esta situación.

Un mensaje importante

Tu papá estaba esperando una llamada importante de su jefe. Te pidió que te quedaras en casa para recibir el mensaje. Te olvidaste y te fuiste a la calle para jugar con tus amigos. Te acordaste justo cuando tu papá se acercaba a tu casa.

Jesús espera que seamos veraces, incluso cuando no sea fácil serlo. Preparen una corta dramatización en cuanto a decir la verdad en esta situación.

Una respuesta llena de arte

Un amigo tuyo quiere inscribir un dibujo suyo en un concurso. Te pide que le des tu opinión sobre ese dibujo. Tú piensas que le has visto dibujar otros cuadros que son mucho mejores.

Jesús espera que seamos veraces, incluso cuando no sea fácil serlo. Preparen una corta dramatización en cuanto a decir la verdad en esta situación.

La mancha

Mientras tu mamá no está en casa estalla una pelea con tu hermana. Estás tan enfadado que le tiras una almohada. La almohada le hace derramar sobre el sillón el vaso de refresco que ella tenía en la mano. Tu mamá regresa a casa y descubre la mancha.

Cuidar el mundo de Dios

META DE LA LECCIÓN

Ayudar a los niños a aceptar la responsabilidad de cuidar el mundo de Dios.

NECESITA

❑ una venda para los ojos por cada dos personas, o artículos recogidos de la naturaleza y colocados individualmente en una bolsa de papel.
❑ Biblia
❑ periódicos
❑ bolsas de papel o para basura.
❑ papel y lápices o marcadores, o pizarrón y tiza (gis)
❑ copias de la hoja de ejercicios "El maravilloso mundo de Dios" (p. 92)
❑ lápices de colores

OBJETIVOS

Los niños:
● jugarán juegos para celebrar la creación y simular la contaminación atmosférica;
● descubrirán las instrucciones que Dios dio para que cuidáramos la tierra;
● evaluarán las maneras en que la gente contribuye a la contaminación atmosférica y del medio ambiente; y
● planearán maneras en que se puede mantener la tierra limpia y segura para vivir.

BASE BÍBLICA

Génesis 2:15-20
"El Señor puso al hombre en el jardín de Edén para que lo cultivara y lo cuidara." Este versículo provee un cimiento sólido para la ética del trabajo y para la ecología, todo en una sola frase. Dios no le dejó a Adán que vagara sin rumbo fijo

por el jardín: le dio un propósito para vivir. El trabajo y la responsabilidad por nuestro espacio vital no son el resultado del pecado humano, sino una parte del plan original de Dios para los seres humanos.

Dios hizo a los seres humanos los administradores y cuidadores de su mundo recientemente creado. Es un encargo sagrado que todos los creyentes tenemos, no sólo por razones prácticas, sino también de carácter teológico.

Salmo 104:24

La gran variedad que exhibe el mundo de la naturaleza es un tributo apropiado para la creatividad de Dios. Después de pasar un día en la naturaleza, incluso el más descreído agnóstico debe preguntarse cómo pudo toda esta belleza haberse producido posiblemente por casualidad.

COMPRENDIENDO A SUS ALUMNOS

Esta es una de muchas lecciones en las cuales los maestros pueden muy bien aprender algo de sus alumnos. Los niños están constantemente oyendo mensajes contra la polución en las escuelas y en los medios de comunicación masiva. Algunos de esos mensajes proceden de fuentes cuestionables, y promueven incorrectamente una adoración de la naturaleza. Necesitamos ayudar a los niños a escoger los mensajes bíblicos, buenos y positivos, y descartar los no tan positivos proclamados por la Nueva Era.

Pero es bueno que los niños estén empezando a aprender a "pensar verde," es decir, a pensar en cómo conservar y proteger la naturaleza, porque son ellos los que tendrán que vivir con el daño hecho por las generaciones precedentes, o repararlo. Los creyentes tienen incluso más razón para involucrarse en asuntos ambientales. ¡Es la tarea que Dios les ha dado!

Entusiasmarse por el cuidado del medio ambiente es una cosa, mientras que poner diariamente en práctica esa preocupación es algo muy diferente. Al caminar es mucho más fácil arrojar al suelo la envoltura de los caramelos, que guardarla hasta encontrar una lata de basura y echarla allí. Conservación real de la energía significa recordar apagar las luces de las habitaciones que no se ocupa, o cerrar las llaves de agua mientras nos cepillamos los dientes. Los niños con frecuencia se inclinan a hacer las cosas de la manera más fácil, en lugar de hacerlas "a la manera verde." Ellos necesitan mucho estímulo y afirmación para desarrollar y persistir en llevar un estilo de vida consciente del medio ambiente, que conservará verde la tierra de Dios para las generaciones futuras.

La lección

PARA CAPTAR LA ATENCIÓN

Abrazar un árbol

Diga a la clase que va a empezar esta lección con un estudio muy diferente sobre la naturaleza. Pida que los niños formen parejas, preferiblemente un niño mayor con un niño más pequeño en cada pareja. Lleve al grupo afuera, hasta algún lugar en donde haya varios árboles.

Reúna a todos en medio o alrededor de los árboles, y diga: **Uno de los niños o niñas en las parejas se pondrá una venda sobre los ojos. Entonces la otra persona le dirigirá hacia un árbol, cualquier árbol. Cuando hayan llegado al árbol, denle un buen abrazo al árbol, y pálpenlo con todo cuidado con las manos. Deben tratar de aprender todo lo posible sobre ese árbol, sin verlo. Luego el compañero dirigirá a la persona nuevamente al grupo, le hará girar dando tres vueltas, y le quitará la venda, y se invertirán los papeles.**

Después de que todos hayan abrazado a un árbol, regresado a su sitio, girado y quitado la venda, pida que se sienten (si pueden hacerlo en el suelo), y vea cuántos niños y niñas pueden identificar el árbol que abrazaron. Entonces dialoguen sobre la experiencia.

Pregunte:

● **¿Qué sintieron al abrazar al árbol?** (Ridículo; me pareció una cosa buena.)

● **¿Qué sintieron al reconocer el árbol que habían abrazado?** (Contento; me sorprendió que sí pude reconocerlo.)

● **¿Qué es lo que más les gusta de los árboles?** (Nos dan sombra y frutas; son bonitos.)

Diga: **Los árboles son una parte de la creación divina. Son parte de lo que Dios nos ha obsequiado, y** necesitamos cuidarlos. Dios puso árboles en el jardín donde puso al primer hombre y a la primera mujer. Hoy vamos a hablar acerca de lo que ocurrió en ese jardín, y acerca del importante trabajo que Dios le dio al primer hombre.

Misterios de la creación

Consiga varios artículos de la naturaleza, que tengan diferente textura, y colóquelos en bolsas de papel separadas. Puede incluir, por ejemplo, una hoja lisa, pétalos de flores, una bellota de pino, tierra, una pluma de ave, y una piedra. Indique a los niños que deben tocar, por turno, lo que contiene cada bolsa, sin mirar dentro. Después de que todo mundo haya tenido la oportunidad de tocar los artículos misteriosos, permita que los niños más pequeños digan lo que piensan que contiene cada bolsa. Luego exhiba los artículos misteriosos, sacándolos y colocándolos sobre la mesa.

Pregunte:

● **¿Qué podemos aprender acerca de las cosas sin usar nuestros ojos?** (Si son suaves o ásperas; su forma; su tamaño.)

● **De los artículos que tocaron en las bolsas, ¿cuál fue el favorito?** (Las respuestas variarán.)

Diga: **¿Sabían ustedes que Dios nos dio el importante trabajo de cuidar de todas estas cosas? Ocurrió hace mucho tiempo, cuando Dios creó el mundo. Veamos esto, retrocediendo al principio de la tierra.**

ESTUDIO BÍBLICO

El mundo que Dios hizo (Génesis 2:15-20)

Diga: **Hoy vamos a hacer una copia del jardín del Edén, en donde Dios puso a las primeras personas que hizo.**

Pida que los niños que deseen participar en lo siguiente, levanten la mano. Explique que deben quedarse en sus asientos, y después interpretar actuando sus papeles cuando usted lea el pasaje bíblico.

● **En primer lugar nuestro jardín tiene un hombre llamado Adán. ¿Quién quiere ser Adán?**

● **La Biblia nos habla de un río que atravesaba el jardín. Necesitamos dos o tres niños para que se acuesten en el suelo, para formar el río.**

● **Ahora necesitamos un par de árboles. ¿Quién quiere ser un árbol?**

SUGERENCIA AL MAESTRO

Tal vez usted quiera pedir que un niño mayor lea el pasaje bíblico, para así poder usted dirigir a los niños a ocupar sus lugares respectivos, y para indicarles cómo interpretar sus partes.

● **Ahora necesitamos dos árboles más: el árbol de la vida y el árbol del conocimiento del bien y del mal.**

● **Finalmente, necesitamos personas para que sean toda clase de aves y animales.**

Asegúrese de que los niños que no han sido escogidos para hacer otros papeles hagan de aves y animales.

Diga: **¡Excelente! Ahora estamos listos. Escuchen la lectura del relato bíblico, y estén listos para tomar su lugar en el jardín.**

Lea Génesis 2:15-20 en voz alta, haciendo pausas para dar la señal a los niños cuando les toque actuar la parte asignada. Algunos estudiantes se entusiasmarán por esta clase de estudio bíblico, y querrán repetirlo. Eso está bien; hágalo de nuevo, si tiene tiempo.

Pregunte:

● **¿Cómo se imaginan ustedes que era el jardín del Edén?** (Lleno de árboles lindos, flores y animales.)

● **¿Qué trabajo le dio Dios a Adán?** (Adán debía cultivar el jardín y cuidarlo; Adán le puso nombre a todos los animales.)

● **¿Alguno de ustedes ha ayudado alguna vez a cultivar y cuidar un jardín o huerta? ¿Qué les gustó más de eso?** (Sí, es divertido cavar los surcos u oler las flores; me gustan las legumbres.)

Diga: **Pienso que a Adán le gustaba vivir en el jardín, cuidarlo y vigilar a los animales. Pero pronto Adán y Eva pecaron, y Dios les hizo salir del huerto. Entonces nacieron más y más personas, y empezaron a esparcirse por toda la tierra. Ahora tenemos un mundo entero para cuidar.**

Pregunte:

● **¿Piensan ustedes que estamos haciendo un buen trabajo en cuanto a cuidar nuestro mundo? ¿Por qué sí o por qué no?** (Las respuestas de los niños variarán.)

APLICACIÓN A LA VIDA

Día de limpieza

Diga: **Veamos qué tal estamos haciendo el trabajo de cuidar la parte del mundo de Dios en que vivimos. Vamos a salir para dar una caminata y a "mirar y escuchar." Quiero que estén muy callados y en silencio. Que nadie hable. Escuchen todo sonido que oigan, y observen para ver si pueden encontrar alguna** basura o contaminación mientras caminamos. **No digan nada hasta que regresemos y volvamos a tomar asiento.**

Lleve a los niños a dar una caminata de dos minutos. Luego llévelos de regreso al salón y dialogue con ellos sobre lo que vieron y oyeron. Pregúnteles acerca de los sonidos naturales y los sonidos que el hombre ha producido. Hable sobre la belleza natural y la contaminación hecha por el hombre. Si lo desea, lleve de nuevo a los niños a recorrer el camino y recoger cualquier basura que hayan notado.

Pregunte:

● **¿Cómo piensan ustedes que Dios se siente cuando ve cómo la gente ha estropeado el mundo hermoso que Él creó?** (Triste; enojado; disgustado.)

Diga: **Juguemos un juego llamado "Día de Limpieza," y veamos si esto puede ayudarnos a entender.**

Pida que los niños se numeren del uno al tres. Los números 1 y 2 formarán un círculo bien amplio. A cada niño en el círculo déle una hoja de periódico. A los niños del grupo 3 déles una bolsa de papel, e indíqueles que se coloquen a gatas en medio del círculo.

Diga: **Cuando diga "empiecen," los grupos 1 y 2 harán pedacitos su periódico y echarán los pedazos dentro del círculo. El grupo 3 tratará de mantener limpio el círculo recogiendo los pedacitos de papel y colocándolos en las bolsas. Indicaré cuando haya pasado un minuto, y entonces veremos si el grupo 3 pudo mantener limpio el círculo. ¿Listos? Empiecen.**

Cuando haya pasado un minuto haga notar que todavía hay muchos pedazos de papel en el círculo. Haga que todos los niños ayuden a recoger los pedazos y ponerlos en las bolsas. Luego pregunte:

● **¿Cómo se sintieron al echar toda esa basura en el círculo?** Expliquen. (Fue divertido, pero me sentí mal por hacer que el otro grupo trabajara tanto.)

● **¿Cómo se sintieron al tratar de mantener limpio el círculo?** Expliquen.(Fue desalentador; fue mucho trabajo, porque había más gente echando basura que ayudando a recogerla.)

● **¿De qué manera este juego se parece a lo que está ocurriendo en el mundo real?** (Mucha gente está ensuciando el mundo, y pocos están tratando de limpiarlo.)

● **¿Piensan ustedes que Dios se siente como se sintieron los niños del grupo 3? ¿Por qué sí o por qué no?** (Sí, porque Él le dio a la gente un mundo lindo, pero la gente continúa estropeándolo; no, él no se enoja.)

● **¿Hace alguna diferencia el hecho de que una persona sea creyente, con respecto a la manera en que debemos tratar de mantener limpia la tierra? ¿Por qué sí o por qué no?** (Sí, Dios nos dio la responsabilidad de cuidar la tierra; no, a mí no me toca recoger la basura que otros botan.)

Diga: **Díganme algunas cosas que ustedes hacen para ayudar a cuidar la tierra que Dios nos dio. Anote las respuestas en el pizarrón o en una hoja de papel periódico.**

Pregunte:

● **¿Qué más podríamos hacer para ayudar a cuidar la tierra?** Si los niños no han mencionado estas cosas, indíquelas o ayúdeles a mencionarlas: podemos reciclar algunas cosas como papel, botellas y envases de vidrio o cristal, plásticos, aceites; podemos poner la basura en sus lugares apropiados; podemos usar con más cuidado el agua y otros recursos.

Anote las ideas en el pizarrón o en el papel periódico.

CONSAGRACIÓN

Nuestras cosas favoritas

Distribuya las copias de la hoja de ejercicios "El maravilloso mundo de Dios" (p. 92) y un lápiz de color. Destaque el versículo bíblico que consta en la parte inferior, y pida que un voluntario lo lea en voz alta.

Diga: **Pueden ver que esta hoja está dividida en dos. En la parte izquierda de la hoja dibujen una cosa de la creación que sea su favorita: una flor, un árbol, un animal, o una montaña. En la parte derecha, dibujen o escriban una cosa que harán esta semana para ayudar a cuidar el maravilloso mundo de Dios.**

Conceda unos pocos minutos para que dibujen o escriban, y luego pida que algunos voluntarios indiquen qué escribieron o dibujaron, y lo expliquen. Anime a los niños a que les cuenten a sus padres lo que han planeado.

CONCLUSIÓN

Por toda la tierra

Reúna a los niños en un círculo, y diríjalos a elevar oraciones de una sola frase. Pida que algunos voluntarios concluyan la frase: "Gracias, Dios, por crear . . . ." Concluya la oración pidiendo la ayuda de Dios para cuidar su mundo maravilloso.

¡EL MARAVILLOSO MUNDO DE DIOS!

Dibuja una cosa favorita de la creación de Dios.

Dibuja o escribe algo respecto a una cosa que harás esta semana para ayudar a cuidar el mundo de Dios.

"¡Cuántas cosas has hecho, Señor! Todas las hiciste con sabiduría; ¡la tierra está llena de todo lo que has creado!" Salmo 104:24.

Conversación santa, buena conversación

9

META DE LA LECCIÓN

Ayudar a los niños a darse cuenta de la importancia de hablar en forma positiva y alentadora.

OBJETIVOS

Los niños:
- observarán cómo los comentarios descomedidos desinflan a una "persona de globo."
- escucharán a un personaje bíblico que relata cómo los comentarios descomedidos le hicieron daño a su familia;
- practicarán cómo hacer comentarios alentadores y positivos; y
- prepararán mensajes de estímulo y ánimo para otros.

BASE BÍBLICA

Génesis 21:1-14

En esta historia tan antigua de un conflicto familiar, y el rompimiento final de una familia, Dios nos muestra cuán dañinos pueden ser la mofa y los comentarios descomedidos. Dios había prometido hacer de Abraham el padre de muchas naciones. Pero por decenas de años Abraham no había podido tener ni siquiera un hijo. Finalmente Sara, la esposa de Abraham, le instó que tuviera un hijo en su criada Agar.

NECESITA

- ❏ globos redondos
- ❏ globos alargados
- ❏ cinta adhesiva de pintor (masking)
- ❏ marcadores
- ❏ alfileres
- ❏ un adulto para que actue como Abraham (opcional)
- ❏ disfraz para Abraham (puede usar una bata de baño; también opcional)
- ❏ Biblia
- ❏ pantalón y camisa en un armador
- ❏ periódicos
  - o copias de la hoja de ejercicios "Tarjeta parlante" (p. 100)
- ❏ tijeras
- ❏ lápices

Cuando Agar quedó encinta, se burlaba de Sara, y eso causó terrible aflicción y discordia en el hogar. A su tiempo Agar dio a luz a Ismael. Pero Dios le dijo a Abraham que Ismael no era el hijo que Él le había prometido; Sara concebiría en su vejez, y le daría un hijo.

Cuando Sara dio a luz a Isaac, Ismael debió haberse sentido desplazado y menospreciado, aun cuando las Escrituras dicen que Abraham lo quería mucho. La mofa que Ismael hizo de Isaac en una fiesta que dieron en honor de Isaac fue la proverbial moneda que rompió el saco. Sara exigió, y consiguió, que Agar e Ismael fueran expulsados de inmediato de la familia.

Efesios 4:29

En este pasaje Pablo les advierte a los creyentes en contra del uso de palabras corrompidas, y luego pasa a afirmar el mismo principio en una manera positiva: Hablen lo que anime a las personas y las edifique.

COMPRENDIENDO A SUS ALUMNOS

"¿De dónde sacaste ese vestido tan estrafalario?"

Ese comentario se ha quedado en mi memoria desde que estaba en el sexto grado de escuela elemental. Puedo recordar exactamente el vestido que llevaba, quién dijo el comentario, quiénes lo escucharon, en qué lugar de la escuela estábamos, y hasta el clima que hacía.

Para parafrasear un refrán: Palos y piedras rompen los huesos, pero los huesos suelen sanar en pocas semanas. Los comentarios descomedidos y vejaciones siempre me lastiman, y probablemente me acosarán por muchos años.

Es fácil comprender por qué se dicen vejaciones o comentarios descomedidos. Si mis palabras humillan a alguien, de súbito me siento grande en comparación. Desafortunadamente, las vejaciones no tienen límite de edad. Para los niños más pequeños de su clase un comentario descomedido pudiera ser algo así como: "¿No puedes ni siquiera anudarte tú mismo los zapatos?" Los niños mayores pudieran decir frases más elaboradas, tales como: "No seas enclenque."

Las buenas noticias son que los comentarios descomedidos y negativos son hábitos; y los hábitos se pueden cambiar. Un espíritu positivo es tan contagioso como un espíritu negativo.

94

Esta lección le da la oportunidad de mostrarle a los niños que da satisfacción hacer que otros se sientan bien; y adicionalmente, eso le agrada a Dios.

PARA CAPTAR LA ATENCIÓN

La lección

¡Oiga, señor Globo!"

Conforme los niños vayan llegando, forme grupos de alrededor de cinco personas. Déle a cada grupo un globo redondo, cuatro globos alargados, cinta adhesiva, hilo o estambre, y un marcador. Explíqueles que cada grupo debe hacer una persona, inflando los globos y atándolos con la cinta o anudándolos juntos. Los grupos pueden usar el globo redondo como cabeza, y los globos alargados como piernas y brazos. Usarán los marcadores para dibujar las caras de las personas.

Pida luego que traigan al frente las personas de globos que han preparado. Dígale a alguna de las personas de globos: "Yo pienso que tienes la cabeza llena de aire."

Mientras dice esta frase, clave un alfiler en uno de los globos. Distribuya alfileres a los niños, e invíteles a que insulten a las otras personas de globos de los otros grupos, pinchando un globo con un alfiler cada vez que dicen un comentario descomedido.

Después de que todas las personas de globos han quedado destruidos, pregunte:

● **¿Qué sintieron al ver que destruían su persona de globo?** (Terrible; quería protegerla.)

● **¿Qué tal se sintieron al insultar a otras personas de globos y reventar el globo?** Explique. (Fue divertido al principio, pero cuando vi que mi persona de globo se desinflaba quise detener todo.)

● **¿En qué forma esto se parece a lo que ocurre cuando la gente nos dice un comentario descomedido?** (Me siento como si me hubieran clavado un alfiler; me siento como si me encogiera y me convirtiera en un harapo feo.)

● **¿Piensan ustedes que los comentarios descomedidos y vejaciones realmente hacen daño a las personas? ¿Por qué sí o por qué no?** (Sí, las personas tal vez digan que no les importa, pero muy adentro en realidad se sienten lastimadas; no, las palabras no me lastiman.)

Diga: **Sabemos que los comentarios descomedidos e insultos hacen daño y producen sentimientos de cólera. Hoy vamos a ver cómo los comentarios descomedidos y burlas destrozaron a una familia de los tiempos bíblicos. A decir verdad, el padre de esa familia nos va a visitar, ¡ahora mismo!**

ESTUDIO BÍBLICO

Un día triste (Génesis 21:1-14)

Indique a los niños que un personaje famoso del Antiguo Testamento va a visitar su clase. Si ha conseguido la ayuda de un adulto para hacer el papel de Abraham, déle la señal de entrada en este momento.

Otra alternativa es que usted escoja a uno de los niños mayores para que haga de Abraham. Asegúrese de escoger a un niño que lea bien. Los demás niños pueden ayudar a vestirlo como un personaje del tiempo bíblico, y luego darle la bienvenida a la clase con un fuerte aplauso.

La persona que hace de Abraham entonces leerá en voz alta el relato "Abraham viene de visita" que consta en la página 97.

Después de que Abraham haya salido, pregunte:

● **¿Por qué estaba tan triste Abraham?** (Porque tenía que expulsar a Ismael de su casa.)

● **¿Qué hizo Ismael para que lo expulsaran de su hogar?** (Se burló de Isaac.)

● **¿Por qué piensan ustedes que Ismael se comportó de esa manera?** (Tenía celos de toda la atención que Isaac estaba recibiendo.)

● **¿Se han sentido ustedes alguna vez de la manera en que Ismael se sintió?** Permita que los niños respondan.

● **¿Qué ocurre cuando nos burlamos de otras personas?** (Lastimamos sus sentimientos; nos metemos en problemas; ellos pueden tratar de desquitarse.)

● **¿Está bien, o es algo bueno, mofarnos o hacer comentarios descomedidos de otras personas? ¿Por qué sí o por qué no?** (No, porque lastima a las personas; algunas veces la gente se lo merece.)

Diga: **Algunas veces, cuando menospreciamos o nos burlamos de algunas personas, nos sentimos bien por un minuto. Pero esa satisfacción nunca dura mucho, y usualmente pagamos las consecuencias, así como Ismael. Veamos lo que la Biblia dice respecto a los comentarios descomedidos y burlas.**

Abraham viene de visita

¡Hola niños! ¡Qué bueno verlos hoy aquí! Siempre me han gustado mucho los niños. Pero por mucho tiempo pensé que no tendría ningún hijo propio. Verán; yo era más viejo que sus abuelos cuando nació mi primer hijo. Puesto que mi esposa Sara no había podido tener hijos, yo tuve un hijo en Agar, la criada de mi esposa. En esos días se acostumbraba hacer esto.

Yo estaba muy orgulloso de Ismael. Era un buen muchacho. Pero mi pobre esposa Sara anhelaba tener un hijo propio. Por muchos años oramos que Dios nos enviara un hijo. Y finalmente ocurrió, cuando Sara tenía más de 90 años. Nos pusimos tan contentos cuando nació nuestro hijo que le pusimos el nombre de Isaac, que quiere decir risa.

Pero a poco las cosas dejaron de marchar bien en nuestra casa. Ismael había sido el único hijo, y se había acostumbrado a eso, y se sintió celoso de Isaac. Fastidiaba a Isaac todo el tiempo, y se burlaba de él. Y cada vez que eso ocurría, Isaac corría a su madre a quejarse. Entonces Sara venía a mí y me decía: "Ya estoy harta de Ismael. Siempre está insultando y burlándose de Isaac. Un día de estos me va a colmar la paciencia."

Y eso fue exactamente lo que ocurrió. Un día en que estábamos celebrando una gran fiesta de cumpleaños para Isaac, Ismael anduvo todo el día fastidiando a Isaac y burlándose de él. Finalmente Sara explotó. "¡Ya me cansé!" gritó ella. "Quiero que Agar y su hijo desaparezcan de mi vista hoy mismo. Ismael se ha burlado de Isaac por última vez. ¡Quiero que se vayan ahora mismo!"

Fue horrible. Yo quería a ambos hijos. Pero podía ver que Sara tenía razón. Ismael continuaría causando problemas mientras estuviera cerca. De modo que muy temprano al día siguiente preparé un poco de comida y agua, y ordené a Agar y a Ismael que se fueran lejos.

Lloré mientras los veía alejarse, pero sabía que Dios los cuidaría. Si tan solo Ismael hubiera aprendido a no maltratar a Isaac, las cosas hubieran sido diferentes . . . .

(Abraham sale arrastrando los pies y meneando tristemente su cabeza.)

doble
corte
doble

Doble la hoja a lo largo, y haga un corte por la línea horizontal que se halla en la mitad de la boca.

Abra y luego doble la hoja en cuatro partes, con la boca hacia adentro.

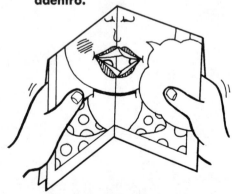

Empuje los labios hacia afuera desde el centro.

Lleno de afirmación

Pida que un voluntario lea en voz alta Efesios 4:29. Saque el pantalón y la camisa, y un montón de periódicos. Cuelgue el pantalón y la camisa en un armador, o en un clavo en la pared o la puerta. Sujete el pantalón con imperdibles (alfileres de seguridad) a la camisa, para que queden como los usa normalmente una persona. Puede usar un overol, si lo desea.

Diga: **Vimos cómo los comentarios descomedidos destruyeron a nuestras personas de globos. Ahora vamos a hacer exactamente lo opuesto. Vamos a edificar a una persona dándole estímulo y ánimo, y diciendo cosas que hagan que la persona se sienta bien.**

Estruje una hoja de periódico, convirtiéndola en una bola, y mientras la introduce en la camisa, diga: **Me alegro de que hayas venido a la clase hoy.**

Haga que los niños se turnen para llenar la figura con periódicos estrujados, mientras cada uno dice un comentario estimulante al introducir su bola de periódico. Dirija el proceso de modo que todo quede bien lleno: brazos, piernas y cuerpo.

Cuando la figura ya esté llena, diga: **Miren cómo las cosas buenas y positivas que dijimos han edificado a esta persona. Veamos cómo trabaja esto en la vida real.**

Pida que los niños se turnen para ponerse de pie frente a la clase. Dé a los demás 20 segundos para que digan comentarios positivos acerca de la persona que está al frente. Después de que todo mundo, —¡incluyéndose usted también!— hayan recibido estímulo y afirmaciones positivas, pregunte:

● **¿Cómo se sintieron al oír los comentarios positivos y estimulantes?** Permita que los niños respondan.

CONSAGRACIÓN

Palabras de estímulo

Diga: **No queremos que todas estas palabras de estímulo se queden aquí en la clase. Queremos animarnos unos a otros después de la clase y durante la semana también. Vamos a hacer tarjetas para darles a otras personas esta semana.**

Déle a cada niño una copia de la hoja "Tarjeta parlante" (p. 100), tijeras y un lápiz. Demuestre cómo doblar y cortar la tarjeta, de modo que los labios se muevan.

Pida que los niños formen parejas entre un niño mayor y un niño más pequeño, para que preparen sus tarjetas. Cada pareja deberá dialogar para decidir a quién le van a dar la tarjeta, y qué mensaje de estímulo van a escribir en el espacio indicado. Los niños mayores deberán escribir los mensajes de los niños que todavía no han aprendido a escribir.

CONCLUSIÓN

Edificación ruidosa

Pida que los niños se formen en círculo sosteniendo sus tarjetas terminadas. Explique que a la cuenta de tres, todos harán que sus tarjetas hablen a la vez, diciendo en voz alta el mensaje alentador que escribieron en ellas.

Diga: **Eso suena maravilloso. Acordémonos de usar palabras que edifican a las personas, y no palabras que las hacen sentir mal.**

Ponga en el centro del círculo a la persona que formaron rellenando el pantalón y la camisa con periódicos. Concluya con una oración similar a la siguiente: **Querido Señor: gracias por las palabras estimuladoras que nos hemos dicho unos a otros hoy. Ayúdanos a continuar edificando a las personas. En el nombre de Jesús, amén.**

Antes de que los niños salgan, recuérdeles que deben procurar mostrarles a sus padres las tarjetas parlantes, y que deben hacerlas llegar a las personas que seleccionaron cuando escribieron los mensajes de estímulo.

Tarjeta parlante

Quería decirte que . . .

«No digan malas palabras, sino sólo palabras buenas y oportunas que ayuden a crecer y traigan bendición a quienes las escuchen.» Efesios 4:29.

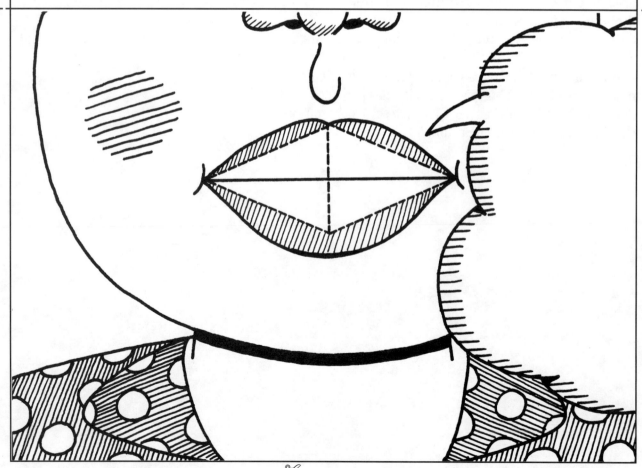

Cómo compartir lo que tenemos

10

META DE LA LECCIÓN

Ayudar a los niños a descubrir la alegría de compartir con otros lo que tienen.

OBJETIVOS

Los niños:
- descubrirán cómo el hecho de compartir puede beneficiarnos a todos;
- aprenderán cómo una mujer en la Biblia compartió la última comida que tenía;
- harán un inventario de lo que tienen para compartir; e
- identificarán tres cosas que compartirán esta semana.

BASE BÍBLICA

1 Reyes 17:1-16

La historia ocurre en un tiempo en que había una gran hambruna en la tierra de Israel. El profeta Elías le dijo al rey Acab que Dios no enviaría lluvia ni rocío hasta que el rey se arrepintiera de sus malos caminos. Luego Elías huyó para salvar su vida.

Elías finalmente llegó a la casa de una viuda y le pidió comida. Las viudas no tenían ayudas en esos tiempos, y muy

NECESITA

- ❏ mantequilla o margarina
- ❏ jalea o mermelada
- ❏ una barra de pan tajado, o pan y cuchillos para cortarlo
- ❏ cuatro cuchillos de mesa o de plástico
- ❏ servilletas de papel
- ❏ copias de la hoja de ejercicios "Cosas para compartir" (p. 109)
- ❏ marcadores de tinta lavable, o lápices de colores (opcional, pero preferible)
- ❏ cinta adhesiva de pintor (masking)
- ❏ Biblias

101

pocos que las defendieran. Pedirle comida a una viuda sería como pedirle una frazada a un mendigo. Pero la mujer se dio cuenta de que quien le pedía no era una persona ordinaria. Reconoció la petición de Elías como la voluntad de Dios, y obedeció de buena gana.

Podemos hallar alegría al compartir incluso las cosas que nos parecen más preciadas, cuando las compartimos en obediencia a la voluntad de Dios, y reconociendo que Dios, nuestro proveedor, no nos fallará.

Filipenses 4:19

Esta asombrosa promesa no fue escrita por una persona rica ni rodeada de todas las comodidades de la vida. Fue escrita por Pablo, probablemente mientras estaba en la cárcel o bajo arresto domiciliario en Roma. Las circunstancias en que se hallaba Pablo le dan un significado especial a su fe de que Dios supliría las necesidades de los que suplían las necesidades de otros.

COMPRENDIENDO A SUS ALUMNOS

"¡Es mío!" es una de las primeras frases que aprenden los niños cuando aprenden a hablar. "Yo" y "a mí" siguen pronto. Nuestros instintos de preservación de la salud pronto dan lugar naturalmente al "ego-ismo." Hay pocos niños, muy rara vez, que parecen ser naturalmente de gran corazón y generosos. La mayoría de los niños aprenden a compartir mediante el ejemplo, y al recibir elogios y atención por la conducta generosa.

Conforme crecen y maduran los niños aprenden a compartir con mejor disposición. Algunos niños de cuatro o cinco años tal vez no quieran compartir de ninguna manera; quizás se sientan perfectamente contentos con lo que quiera que les interese y se retiren a una esquina para jugar solos. La mayoría de niños avanzarán varios grados en la escuela elemental antes de aprender a compartir sólo por el gusto de suplir una necesidad o dar alegría a otra persona.

La lección

El emparedado (sandwich) imposible

Conforme los niños van llegando, forme cuatro grupos.

Diga: **Vamos a empezar hoy con una golosina.**

Déle al primer grupo la mantequilla, al segundo grupo la mermelada, al tercer grupo la hogaza de pan y al cuarto grupo los cuchillos de mesa o de plástico. A cada niño déle una servilleta de papel.

Entonces diga: **"¡Adelante y disfruten comiéndolo!"**

Puede ser que los niños descubran o no que todos pueden disfrutar de emparedados (sandwiches), si todos los grupos comparten lo que tienen. Es posible que los niños que tienen la mantequilla o la mermelada sencillamente usen enseguida los dedos para comer. Si esto ocurre, déles una sugerencia como: "¡Me pregunto qué pasaría si todo mundo compartiera . . . ."

Cuando finalmente todo mundo esté disfrutando de los emparedados de mermelada y mantequilla, pregunte a los que recibieron solamente la mermelada o los cuchillos:

● **¿Cómo se sintieron ustedes al principio, cuando sólo tenían un poco de mermelada o unos pocos cuchillos?** (No sabía qué hacer; quería haber recibido la mantequilla y el pan; esperaba que los demás nos dieran un poco de lo que recibieron.)

Pregunte a los niños que recibieron el pan y la mantequilla:

● **¿Cómo se sintieron al haber recibido algo que podían comerse de inmediato, viendo que los otros niños no tenían lo mismo?** (Con suerte; sentí lástima por los otros niños; quise darles un poco de lo que yo tenía.)

● **¿Cómo se sintieron cuando todo mundo empezó a compartir lo que tenía?** (Entusiasmado; mucho mejor.)

● **¿Cuándo parece ser difícil compartir lo que tenemos?** (Cuando parece que solo yo tengo que dar; cuando tengo algo que quiero todo para mí solo.)

● **¿Cuándo es fácil compartir algo con otros?** (Cuando hay bastante para todos; cuando en realidad no me parece que estoy quedándome sin nada.)

Diga: **Hoy ustedes me van a ayudar a contar una historia de la Biblia, sobre una mujer que compartió lo que tenía, aun cuando fue realmente difícil.**

SUGERENCIA AL MAESTRO

Si tiene un grupo muy numeroso puede escoger a un niño para que sea el líder de cada señal. Los líderes pueden ponerse de pie frente al grupo entero y dirigir las respuestas cada vez que sus palabras aparecen en el relato.

Algo para compartir (1 Reyes 17:1-16)

Practique estas señales y respuestas con la clase:

● **Cuando yo diga "arroyo" todo mundo debe decir "glu, glu, glu" y mover los dedos como agua corriendo en un riachuelo.**

● **Cuando yo diga "cuervos" todo mundo debe agitar los brazos con los codos hacia afuera, como alas, y graznar: "jaa, jaa."**

● **Cuando yo diga "Elías" los niños deben señalar el techo con el dedo y decir: "Tisbita."**

Tómese unos momentos para explicar que Elías era un profeta famoso. Se le llamaba Elías tisbita, porque venía de una población llamada Tisbe.

● **Cuando yo diga "viuda" las niñas debe colocarse las manos frente a la cara, como si fuera velo.**

● **Cuando yo diga "pan" todo mundo debe frotarse la barriga, y decir "yam, yam."**

Entonces diga: **¿Listos? Esta es la historia de Elías y la viuda.**

Lea en voz alta la historia de "Elías y la viuda," que consta en la página 105. Haga una pausa después de cada palabra subrayada, para que los niños ejecuten sus acciones.

Después de la historia, pregunte:

● **¿Piensan ustedes que fue fácil o difícil para la viuda compartir su pan con Elías?** Expliquen. (Fue difícil, casi no tenía nada para ella misma y su hijo; fue fácil, no tenía nada que perder.)

● **Si solo tenía un poquito de comida, ¿por qué la compartió?** (Elías le dijo que Dios no dejaría que se le acabara el aceite hasta que lloviera de nuevo y la gente pudiera cultivar más grano para comer.)

● **¿Por qué le creyó a Elías?** (Ella sabía que era un profeta de Dios.)

Diga: **Lo interesante de esta historia es que Dios se cercioró de que la viuda no se quedara sin aceite y harina. De modo que el pan que ella compartió con Elías no era de ella realmente, sino que venía de Dios.**

Cuando la viuda compartió su comida, Dios prometió cuidarla. Dios nos hace una promesa similar a nosotros, en el libro de Filipenses.

Elías y la viuda

Había una vez un rey muy malo llamado Acab. Era tan perverso que Dios envió al profeta Elías para que le hablara. "No habrá lluvia hasta que te arrepientas de tus malos caminos," le dijo Elías al rey. Esto enfureció mucho al perverso rey Acab. De modo que Dios le dijo a Elías que fuera y se escondiera cerca de un arroyo. Dios dijo: "Puedes beber del arroyo, y yo enviaré cuervos que te traigan pan para comer."

Así que Elías se fue al arroyo. Todas las mañanas los cuervos le traían pan y carne. Y como no había lluvia y en todo el país había sequía, Elías podía beber del arroyo.

Pero finalmente el arroyo también se secó. De modo que Dios envió a Elías al pueblo se Sarepta, en donde él encontró una viuda amable recogiendo leña. "¿Me podrías dar un poco de pan?" le preguntó Elías a la viuda. Ella contestó: "No tengo pan, sino sólo un poco de aceite y harina, lo suficiente para hacer sólo una comida más para mí y mi hijo."

Elías dijo: "Haz primero un pan para mí. Dios no dejará que se te acabe el aceite ni la harina mientras no haya lluvia." La viuda hizo como Elías le dijo. Hizo pan para Elías y para ella misma y su hijo por muchos días.

Exactamente como Dios lo había prometido, ni el aceite ni la harina se acabaron. Siempre había lo suficiente para hacer más pan. Dios cuidó a Elías y a la viuda amable que compartió, y Dios puede cuidarlos a ustedes, también.

Tiempo de compartir

Reparta las copias de la hoja "Cosas para compartir" (p. 109), un marcador y un pedazo de cinta adhesiva de pintor (masking). Si no tiene acceso a una copiadora, use hojas de papel en blanco. Pida que un voluntario lea Filipenses 4:19 en voz alta.

Diga: **Otro personaje famoso de la Biblia, el apóstol Pablo, contaba con personas que compartían con él. Pablo fue arrestado y le echaron en la cárcel por enseñar de Jesucristo. Sus amigos de diferentes iglesias le enviaron una parte de su alimento y dinero. Y él les dijo a esas personas que compartieron con él que Dios continuarían cuidándoles y supliendo sus necesidades, así como Dios cuidó de la viuda que compartió su comida con Elías.**

Pida que alguien lea Filipenses 4:19 en voz alta, de nuevo.

Diga: **Esta promesa es para nosotros, también, cuando compartimos lo que tenemos con las personas necesitadas. La pregunta es: ¿Qué tenemos para compartir? ¡Descubrámoslo!**

Pida que los niños formen parejas. Asegúrese de que los más pequeños que todavía no saben leer ni escribir formen parejas con niños mayores que puedan ayudarles. Si tiene más de 20 niños en su clase, puede realizar esta actividad en dos grupos, si lo desea.

Diga: **Escriban su nombre en la línea en blanco en la parte superior de la hoja de "Cosas para compartir." Luego pídale cada uno a su compañero que le coloque la hoja en su espalda, usando la cinta adhesiva de pintor (masking).**

Explique que cada pareja va a trabajar en conjunto con todas las otras parejas. Los niños se turnarán para escribir en la hoja de "Cosas para compartir" de cada uno, cosas que piensan que esa persona tiene para compartir con otros. Anime a los niños a pensar en todo, inclusive abrazos y sonrisas amistosas, hasta juguetes o juegos de salón.

Pida que los niños se muevan por el salón en parejas, hasta que cada pareja haya escrito algo en las hojas de todas las demás parejas.

Diga: **Ahora es tiempo de ver lo que otras personas piensan que cada uno de ustedes tiene para compartir. Despegue la hoja de la espalda de su compañero y entréguesela.**

106

Conceda un momento para que los niños lean lo que otras personas han escrito en sus respectivas hojas. Luego pregunte:

● **¿Cómo se sienten al ver todas esas cosas que tienen para compartir?** (Sorprendidos; me hace sentir bien.)

● **Miren las cosas que dice su hoja; ¿de dónde vienen esas cosas?** (De mis padres; de adentro de mí mismo; de Dios.)

Dialogue sobre el hecho de que todas las cosas vienen de Dios, a fin de cuentas. Las cosas pueden venir de los padres, pero los padres reciben de Dios sus empleos y su capacidad para trabajar. Si tenemos sonrisas amistosas y abrazos para compartir, es porque Dios pone en nuestros corazones el deseo de querer a otras personas.

Entonces diga: **Tal vez alguno de ustedes esté pensando en alguna otra cosa que tiene para compartir, y que nadie la anotó en su hoja. Adelante; anótela en su hoja.**

Dé unos minutos para que los niños piensen y escriban o dibujen algo. Anime a los niños mayores a ayudar a los más pequeños, dándoles ideas.

Diga: **Ahora miren la lista entera, y decidan si será fácil o difícil compartir cada cosa que consta allí. Tracen un círculo alrededor de las cosas que les será fácil compartir. Subrayen las cosas que les será difícil compartir. Luego díganle a su compañero por qué señalaron las cosas que marcaron.**

Conceda un par de minutos para que los niños marquen sus listas y conversen con sus compañeros o compañeras.

CONSAGRACIÓN

Escogiendo compartir

Después de dos o tres minutos, indique que se acabó el tiempo y diga: **Escojan de su lista tres cosas que les gustaría compartir con alguien durante la semana que viene. Encierren esas cosas en un rectángulo. Luego díganle a sus respectivos compañeros o compañeras lo que van a hacer para compartir esas cosas, y con quién las van a compartir.**

CONCLUSIÓN

Nuestro Dios que comparte

Reúna de nuevo al grupo entero y pida que algunas parejas indiquen una de las cosas que sus respectivos compañeros van a compartir esta semana.

Entonces diga: **Lo lindo de compartir las cosas que Dios nos da es que no tenemos que preocuparnos de quedarnos vacíos. Él nos promete en Filipenses 4:19 que suplirá nuestras necesidades, así como nosotros suplimos las necesidades de otros.**

Concluya con una oración, pidiendo que Dios les dé a los niños un espíritu generoso, y que les ayude a poner en práctica los planes que han hecho para compartir algo con alguien esta semana.

COSAS PARA COMPARTIR

_____ tiene estas cosas para compartir:

Cómo manejar la ira y el conflicto

11

META DE LA LECCIÓN

Ayudar a los niños a aprender maneras apropiadas para expresar la ira y manejar situaciones conflictivas.

OBJETIVOS

Los niños:
- descubrirán cómo el dar rienda suelta a la ira puede hacer daño a las personas;
- aprenderán cómo un personaje bíblico resolvió el conflicto sin nada de egoísmo;
- aplicarán nuevos métodos para resolver los conflictos; y
- se comprometerán a expresar la ira de maneras apropiadas.

BASE BÍBLICA

Génesis 13:1-18

Abraham y Lot habían viajado juntos desde Egipto y se preparaban para establecer residencia permanente en Canaán. Siendo el patriarca, Abraham tenía todo el derecho para decirle a Lot a dónde debía irse y cuándo hacerlo. En lugar de eso, prefirió evitar el conflicto y permitió que Lot

NECESITA

- una bebida gaseosa en lata o en botella
- pizarrón
- tiza (gis)
- cinta adhesiva de pintor (masking)
- dos bolsas grandes llenas de pelotitas de papel estrujado
- copias del "Certificado de pacificador" (p. 118)
- lápices

escogiera la tierra fértil del valle. ¡Qué contraste con la mentalidad de "defender sus derechos" que vemos tan a menudo en la sociedad de hoy.

Abraham pudo dejar a un lado sus derechos porque confiaba completamente en Dios. Dios honró esa confianza al prometerle a Abraham toda la tierra, y toda una nación de descendientes para que la llenaran.

Efesios 4:2-3

Humildad, gentileza, paciencia y amor no siempre son las cualidades más fáciles de demostrar, especialmente cuando una persona ha sido encarcelada injustamente. Pero Pablo vivía lo que enseñaba, y presentó un desafío a los creyentes, de entonces y de ahora, a procurar desarrollar esas características.

COMPRENDIENDO A SUS ALUMNOS

Muchos niños creyentes crecen pensando que siempre es malo encolerizarse o enfadarse. Pero la verdad es que la ira es una emoción humana saludable. Dependiendo de la causa de la ira, a veces no hay nada de malo con enfadarse. Pero siempre es malo cuando se expresa la ira en maneras que lastiman a las personas, incluyéndonos a nosotros mismos. En forma interesante, parece ser igualmente dañino a la larga el tratar de sofocar o negar la ira y cólera, como lo es el darle rienda suelta.

Los niños más pequeños a menudo estallan en lágrimas y zapatean cuando el conflicto da lugar a la ira. Los niños en los primeros grados de la escuela elemental pueden recurrir a dar golpes e insultar. Los niños de los grados superiores pueden usar el sarcasmo y la burla para ventilar sus emociones.

Los niños de toda edad pueden aprender métodos sencillos que les ayudarán a mantener bajo control sus emociones, y procurar encontrar una solución. Dar portazos e insultar a otros no producen ningún cambio positivo. Un diálogo sincero, franco y abierto de la fuente del conflicto sí lo logra.

111

La lección

¡Precaución! ¡Explosivos!

Lleve a los niños afuera, a un espacio abierto con hierba, o a un estacionamiento o cancha deportiva, y forme un círculo. Lance al aire la lata de gaseosa, y vuélvala a atrapar usted mismo. Al momento de lanzarla diga: "Me enfurece . . . ," y al momento de atraparla concluya la frase. Luego lance la lata a otro niño en el círculo, indicándole que debe decir otra conclusión para la frase, y luego pasarle la lata a otra persona. Si tiene muchos niños pequeños, o si tiene que usar una botella de gaseosa en lugar de una lata, pida que pasen de mano en mano la lata o la botella, sin lanzarla, pero indíqueles que deben agitarla lo más posible. Si la lata se cae al piso y se revienta, mejor, y en ese caso salte a la segunda pregunta que sigue.

Pida que la última persona le devuelva la lata. Sacúdala todavía un poco más, y pregunte:

● **¿Qué va a ocurrir cuando yo abra esta lata?** (Va a explotar; va a ensuciar a todo mundo.)

Adelante; abra la lata o destape la botella, teniendo cuidado de dirigir el agujero de la lata hacia el centro del círculo y alejándose de usted. Los niños probablemente gritarán entusiasmados al ver que la bebida sale expulsada de la lata o botella.

Pregunte:

● **¿Por qué explotó la lata de esa manera?** (Porque la zacudimos)

● **¿De qué manera se parece esto a lo que ocurre cuando las personas se encolerizan?** (Las personas se enfurecen tanto que acaban explotando y le gritan a todo mundo que está cerca.)

● **¿Ha habido alguna ocasión cuando uno de ustedes se enfadó tanto que explotó como esta lata?** Permita que varios niños respondan.

● **¿Arregla las cosas la rabieta que echa una persona cuando pierde los estribos? ¿Por qué sí o por qué no?** (No usualmente; todo lo que consigue es que otros se enojen conmigo; sí, me hace sentir mejor.)

Diga: **En realidad nunca sirve de mucho perder los estribos o dar rienda suelta a la ira. Es mucho más** sabio aprender cómo manejar los conflictos y las discusiones, de modo que las cosas se mejoren, y no que se empeoren. La historia bíblica de hoy habla de un hombre que sabía cómo hacer esto. Veamos lo que podemos aprender de él.

ESTUDIO BÍBLICO

Guardando la paz (Génesis 13:1-18)

Lleve a los niños de regreso al salón.

Diga: **Primero tenemos que preparar el escenario para la historia. Formemos dos grupos. Numérense de dos en dos.**

Los número uno pónganse aquí; ustedes son el grupo de Abraham. Los número dos pónganse en este lado del salón. Ustedes son el grupo de Lot.

Pida un voluntario de cada grupo: El uno hará el papel de Abraham, y el otro el de Lot. Los voluntarios deberán colocarse frente a frente, con sus pies plantados en el piso y sus brazos cruzados.

Diga: **La Biblia dice que tanto Abraham como Lot eran muy ricos. Tenían mucho dinero y rebaños, y hatos y tiendas. A ver; que dos personas de cada grupo unan sus manos en arco por encima de sus cabezas para formar una tienda.**

Ahora necesito algunas personas para que sean los rebaños. Póngase a gatas, y digan "¡beee!" Pida que todos los niños se coloquen como ovejas, excepto dos o tres en cada grupo.

Entonces diga: **¡Bien! Ahora estos rebaños necesitan unos cuantos pastores. Así que ustedes que todavía quedan, son los pastores. Hagan como si tuvieran un cayado en sus manos.**

Ahora escuchen y actuen interpretando su parte de la historia. Las tiendas se moverán cuando yo les indique, las ovejas dirán "beee" cuando yo mencione a las ovejas, los pastores harán lo que se dice en la historia, y Abraham y Lot interpretarán sus partes y moverán sus labios cuando se supone que deben estar hablando. Escuchen con cuidado para saber cuándo moverse o actuar, y saber lo que tienen que hacer. ¿Todo mundo listo!

Lea la historia de Abraham y Lot, que se halla en la página 114, haciendo pausas para permitir que los niños actuen interpretando sus acciones.

Abraham y Lot

Dios les dijo a Abraham y a su sobrino Lot que salieran de Egipto y se fueran a la tierra de Canaán. Abraham y Lot eran muy ricos, de modo que viajaban llevando sus tiendas, sus rebaños y sus pastores. Cuando llegaron a un lugar llamado Bet-el, Abraham se arrodilló y adoró al Señor.

Pero pronto surgió un problema. Abraham y Lot tenían tantas ovejas, que no había suficiente pasto y agua para todos. Las ovejas empezaron a padecer de sed. Los pastores de Abraham y los pastores de Lot empezaron a pelear entre sí.

"Nuestro amo es mejor que el de ustedes; de modo que, retiren sus ovejas," dijeron los pastores de Abraham.

"Pero nosotros llegamos aquí primero; de modo que vayan ustedes a buscar agua en alguna otra parte," replicaron los pastores de Lot.

Mientras tanto las pobres ovejas tenían más y más sed.

Abraham y Lot estaban en sus tiendas cuando oyeron que sus pastores estaban peleando. Ambos sacudieron sus cabezas, y decidieron hablar para resolver las cosas. Abraham dijo: "No peleemos por esto. Después de todo, somos familia. Mira toda la tierra que nos rodea, y escoge la parte donde quieres vivir. Si te vas en una dirección, yo me iré en la otra."

Abraham realmente no tenía por qué portarse tan bien. Debido a que era el mayor, era el jefe y podía haber escogido primero. Pero Abraham confiaba en que Dios resolvería todas las cosas, de modo que dejó que Lot escogiera primero.

Lot miró a la derecha y a la izquierda. En un lado había un valle con mucha hierba y agua, e incluso algunas ciudades. Por el otro lado todo lo que había eran escabrosas montañas y el desierto.

Lot dijo: "Yo tomaré la planicie. Tú toma las montañas."

Así Lot mudó sus tiendas y sus ovejas y pastores hacia la ciudad que estaba en el valle. Abraham mudó sus tiendas y ovejas y pastores hacia las montañas.

Abraham preservó la paz, aun cuando eso quería decir vivir en un territorio más áspero. Dios bendijo a Abraham, y le prometió darle toda la tierra. Lot, quien escogió egoístamente, se metió en serios problemas al mudarse a una ciudad perversa, y ¡por poco pierde la vida!

Pida que los niños se den a sí mismos un fuerte aplauso por su actuación. Luego pregunte:

● **¿Por qué Abraham no luchó por sus derechos?** (No quería empezar una pelea; le interesaba más preservar la paz antes que conseguir la mejor tierra.)

● **¿Qué ocurrió con Abraham debido a que actuó sin ningún egoísmo?** (Dios lo bendijo y le prometió darle toda la tierra.)

● **¿Qué era más importante para Abraham, antes que salirse con la suya?** (Preservar la paz.)

● **¿Qué consejo piensan ustedes que Abraham nos daría sobre cómo resolver discusiones?** (Piensen en lo que siente la otra persona; no insista siempre en sus derechos; estén dispuestos a zanjar las diferencias.)

Anote en el pizarrón las respuestas de los niños.

Entonces diga: **Todas estas son ideas excelentes. Y dan resultado, además. Pero cuando surge un problema, no siempre estamos dispuestos a considerar los sentimientos de la otra persona. Pensamos sólo en nuestros derechos y lo que queremos nosotros, y cómo nos sentimos nosotros, y ¡PUM!—de repente nos vemos en medio de una gran pelea.**

APLICACIÓN A LA VIDA

Locura de bolas de papel

Diga: **Vamos a tener una gran pelea, ahora mismo; sólo para ver cómo se siente.**

Pida que los niños le ayuden a colocar una línea de cinta adhesiva de pintor (masking) en el medio del salón. El grupo de Abraham se colocará en un lado, y el grupo de Lot al otro lado. Déle a cada grupo una bolsa llena de pelotitas de papel estrujado.

Diga: **Esta bien. Ahora, muchachos, ustedes están muy enfadados los unos contra los otros; están tan furiosos que están listos para lanzar piedras de papel. De modo que hagan como que explotan. Lancen todas las piedras de papel que tienen en la bolsa contra el otro grupo. Cuando reciban el impacto de una piedra de papel, recójanla y láncela de nuevo al otro equipo. Cuando yo dé la señal, el equipo que tenga más piedras de papel en su lado es el que pierde. ¿Listos? ¡Empiecen!**

Dé la señal de detenerse cuando hayan pasado dos minutos. Cuente las piedritas de papel que haya en el territorio de cada

SUGERENCIA AL MAESTRO

Si lo prefiere, y puede conseguirlas, puede usar pelotitas de espuma plástica, o incluso confites de malvavisco.

SUGERENCIA AL MAESTRO

Tal vez quiera indicar a los niños mayores que tengan prudencia al lanzar las pelotas de papel a los niños más pequeños. Aun siendo pelotas de papel, todavía pueden hacer doler si se las lanza con suficiente fuerza.

grupo, y declare quienes son los ganadores y quienes los perdedores.

Entonces pregunte:

- **¿Qué se siente al ser los ganadores?** (Fantástico.)
- **¿Qué se siente al ser el perdedor?** (Terrible.)
- **¿En qué forma esta guerra de piedritas de papel se parece a una discusión real?** (Luchamos tanto como podemos; tratamos de hacerle a la otra persona más daño del que nos ha hecho a nosotros; puede convertirse en un completo descontrol.)
- **¿En qué manera fue esto diferente de una discusión real?** (Nadie en realidad se lastimó; en realidad no estamos enojados contra el otro grupo; todos somos todavía buenos amigos.)
- **¿Cómo pudiéramos haber logrado que no hubiera ni ganadores ni perdedores?** Los niños tal vez se hayan dado cuenta o no que si nadie lanzaba ninguna piedrita de papel, ambos grupos tendrían exactamente la misma cantidad de pelotitas, y nadie hubiera ganado ni nadie hubiera perdido.

Diga: **Es divertido lanzarnos piedritas de papel. Pero no es nada divertido dejar que nuestra ira explote y empezar a intercambiar palabras que lastiman. Dios quiere que seamos pacificadores, incluso cuando esto significa que dejemos a un lado algunos de nuestros derechos, así como lo hizo Abraham.**

CONSAGRACIÓN

Indicaciones para la paz

Déle a cada niño una copia del "Certificado de pacificador" (p. 118) y un lápiz. Pida que un voluntario lea en voz alta el pasaje bíblico. Luego pida que los niños se turnen para leer en voz alta las indicaciones para la paz que constan en las esquinas. Dialogue sobre cómo cada una de estas indicaciones pueden ayudarles a los niños a controlar su ira y empezar a trabajar hacia una solución pacífica.

Luego pida que algunos voluntarios actúen interpretando algunas de las siguientes situaciones de la vida real, según le permita el tiempo. Haga cada dramatización dos veces. La primera ocasión pida que los niños se enojen y griten. La segunda vez, los niños deben usar el consejo del certificado para procurar encontrar una solución pacífica.

Estas son las situaciones:

- **Tu hermano pidió prestada tu bicicleta. Al día**

siguiente, cuando quieres montarla descubres que tiene una llanta baja.

● Alguien se tropieza accidentalmente contigo en los pasillos de la escuela, y los libros que tenías en la mano se caen y desparraman por todo el suelo.

● Dejaste tu ropa sin colgar, y tu mamá está verdaderamente enfadada contigo.

● Tu hermana está tocando la música a todo volumen en su equipo de sonido, y esto te está volviendo loco.

● Tu hermanito menor se tropieza y desbarata tu mejor creación de ladrillos plásticos.

Después de las dramatizaciones, diga:

¡Estas ideas para conservar la paz realmente resultan! Sirvieron para Abraham, y pueden servirles a ustedes. El que esté listo para esforzarse por ser pacificador, escriba su nombre en el certificado.

CONCLUSIÓN

Personas en paz

Reúna a los niños en un círculo y pídales que pongan sus brazos sobre los hombros de las personas que tienen a los lados. Concluya con una oración, pidiendo que Dios ayude a los niños a esforzarse por mantener la paz y confiarle a Él los resultados.

Mientras los niños se retiran, anímeles a contarles a sus familias las ideas para hacer y conservar la paz que constan en sus certificados.

SUGERENCIA AL MAESTRO

Los niños no necesariamente deben hacer papeles compatibles con su edad. Es divertido tener a los niños más pequeños hacer el papel de un adolescente o de un padre.

SUGERENCIA AL MAESTRO

Si lo prefiere, busque o seleccione otras situaciones que considere más apropiadas para el medio ambiente en que vive su grupo.

Certificado de Pacificador

Piensa en cómo se siente la otra persona.

Deténte y cuenta hasta 10.

_____
(nombre)

es un pacificador oficial.

"Sean humildes y amables; tengan paciencia y sopórtense unos a otros con amor; procuren mantenerse siempre unidos, con la ayuda del Espíritu Santo y por medio de la paz que ya los une" Efesios 4:2-3.

Confíale a Dios los resultados.

Busca maneras de llegar a un acuerdo.

Cómo aprender a conocer a DIOS

Dios en primer lugar

12

META DE LA LECCIÓN

Ayudar a los niños a comprender que Dios merece el primer lugar en nuestras vidas.

OBJETIVOS

Los niños:
- examinarán cómo establecer sus prioridades;
- aprenderán por qué un joven rico escogió no seguir a Jesús;
- identificarán intereses que pueden competir por el primer lugar en sus vidas; y
- se comprometan a poner a Dios en primer lugar.

BASE BÍBLICA

NECESITA

- ❏ cinco platos con golosinas o sorpresas
- ❏ cinco bolsas de papel, o algo para cubrir las golosinas para que no puedan verlas
- ❏ un "cofre del tesoro"
- ❏ tiras de papel
- ❏ lápiz
- ❏ Biblias
- ❏ copias de la hoja de ejercicios "Dios es primero" (p. 128)
- ❏ tijeras
- ❏ lápices de colores o marcadores
- ❏ cinta adhesiva

Marcos 10:17-27

Cuando tratamos de entenderlas, muchas de las enseñanzas de Jesús son un reto para nuestro entendimiento y nuestro sentido de equidad. La historia del joven rico es ciertamente una de éstas.

Un joven sincero y respetado viene a Jesús lleno de admiración y entusiasmo. Se dirige a Jesús diciéndole "Maestro bueno," y luego va al grano directamente: "¿Qué debo hacer para tener la vida eterna?"

¡Buen comienzo! La respuesta de Jesús es casi mordaz: "¿Por qué me llamas bueno? Sólo Dios es bueno." Jesús no va a hacer esto fácil. Tal vez Jesús está advirtiéndole al joven que la lisonja y la emoción no le darán lo que está buscando. Jesús procede a mencionar cinco de los mandamientos, los que tratan de las relaciones entre las personas. Uno casi puede ver el brillo en los ojos del joven, al responder: "Todo esto lo he guardado desde que era muchacho." Entonces Jesús le presenta con todo cariño el desafío: "Vende todo lo que tienes, y da a los pobres el dinero. Luego ven y sígueme."

El joven responde con estupefacción y silencio. Luego se da la vuelta y con tristeza se aleja, incapaz de separarse de sus riquezas y de poner a Dios primero en su vida.

Mateo 6:33

Jesús desafía a sus seguidores a querer la voluntad de Dios más que cualquier otra cosa. Los que logran poner a Dios primero, pueden confiar en que Dios les proveerá de todas las otras cosas que tan fácilmente exigen su atención y energía.

Poner a Dios primero es una decisión personal. Nunca es fácil, pero siempre es la decisión correcta, y los beneficios son eternos.

COMPRENDIENDO A SUS ALUMNOS

Muchas cosas compiten por el primer lugar en las vidas de sus estudiantes. Y ¡esas cosas tal vez no sean malas! Los niños mayores tal vez estén preocupados por lograr mejores calificaciones, por sobresalir en los deportes o en la música, e identificarse con los grupos "de moda" en la escuela.

Los niños más pequeños tal vez todavía estén en la etapa del "mío"; es decir, lo más importante es lo que quieren en el momento; todas las demás consideraciones son secundarias.

Los niños de toda edad pueden verse consumidos por el deseo de acumular la más asombrosa colección de juguetes o cachivaches de última moda o de reciente aparición.

Nuestro desafío como maestros cristianos es mostrarles a los niños que Dios, y solamente Dios, merece nuestra primera lealtad. Buenas calificaciones, medallas, campeonatos, y posesiones pueden dar placer por un tiempo. Pero en la perspectiva eterna, esas cosas pueden convertirse en obstáculos peligrosos que nos impiden darle lo mejor a Dios.

Esta lección les ayudará a los niños a evaluar sus prioridades y a comprender que Dios merece el primer lugar en nuestras vidas.

PARA CAPTAR LA ATENCIÓN   La lección

¿Qué es lo primero?

Antes de que lleguen los niños coloque cinco platos de cosas especiales, tales como monedas de poco valor, fresas, confites, chocolates, goma de mascar. Cubra los platos con papel o con alguna tela o toalla o bolsas de papel grueso, y ¡no deje que nadie las vea! Planee tener por lo menos dos sorpresas para cada persona que venga a la clase.

Conforme los niños vayan llegando, dígales que deberán escoger entre los artículos de los platos, pero que tendrán que esperar su turno. Forme a los niños en una fila, desde el más pequeño hasta el mayor. Cuando todo mundo esté en fila, quite las bolsas y permita que todo mundo vea lo que hay en los platos.

Diga al primer niño en la fila: **Puedes ir a la mesa y tomar una sola cosa. Luego regresa a la fila.**

Explíqueles que cada persona puede escoger un artículo de la mesa cada vez que le toque ser el primero en la fila. Anime a los niños a que se coman su golosina, si han escogido algo comestible. Continúe hasta que todo mundo haya seleccionados dos artículos.

Entonces reúna a los niños en un círculo, y pregunte:

● **¿Cómo decidieron qué tomar primero?** (Tomé lo que me gustaba más; escogí una moneda porque así puedo comprar algo más tarde; escogí una barra de goma de mascar porque me gusta.)

● **¿Fue fácil o difícil escoger qué tomar?** Expliquen. (Fue fácil, porque me encantan las fresas; fue difícil porque me gusta todo lo que había allí.)

● **¿Estarían de acuerdo con que todas estas cosas son buenas?** Entonces, **¿por qué todavía quedan algunas cosas en los platos?** (Porque usted nos dijo que cogiéramos sólo dos cosas; porque las cosas que se acabaron eran mejores que las que quedan.)

Diga: **Algunas veces es difícil decidir entre lo que es bueno y lo que es mejor. Aun cuando la mayoría de ustedes gustan de las cosas que yo puse aquí, sólo tuvieron dos oportunidades para escoger, de modo que tuvieron que decidir qué tomarían primero, qué escogerían en segundo lugar, y qué preferían no escoger. En la vida real igualmente tenemos que tomar decisiones respecto a lo que viene primero. Hoy vamos a aprender que Dios merece el primer lugar en nuestras vidas.**

ESTUDIO BÍBLICO

Un joven rico (Marcos 10:17-27)

Diga: **Nuestra historia bíblica para hoy trata de un joven rico. Exploremos lo que sería ser rico.**

Saque el "cofre del tesoro": puede tratarse de un joyero, una lata de galletas decorada, o una caja de madera de cualquier clase. Seleccione a un niño mayor, que sepa escribir bien y rápido, para que sea su escribano. Déle a su secretario un lápiz y varias tiras de papel. Seleccione a un niño menor para que sostenga el cofre del tesoro y coloque allí las tiras de papel.

Diga: **Mencionemos todas las cosas en que podamos pensar, que tendría una persona rica. Nuestro escribano va a anotar todo lo que decimos, y luego pondremos todas las cosas en nuestro cofre del tesoro.**

Los niños tal vez mencionen cosas como un millón de pesos, una casa muy grande, un automóvil, una bicicleta, ropa nueva. Cuando los niños hayan contribuido varias ideas, tome el cofre del tesoro y abrácelo. Pregunte:

● **¿Cómo se sentirían si tuvieran todas estas cosas?** (Contentos; felices.)

● **¿Qué harían ustedes si alguien les dijera que tienen que deshacerse de todas estas cosas?** (Me reiría; diría que no; preguntaría por qué.)

Diga: **Veamos lo que le ocurrió al joven rico de la historia de hoy.**

Seleccione dos buenos lectores, uno para que lea las palabras del joven rico, y otro para que lea las palabras de Jesús. Abra su Biblia en Marcos 10:17, y pida que sus lectores hagan lo mismo. Explique que usted hará el papel de narrador. Esté listo para darles señal a sus lectores, con un asentimiento de cabeza, cuando sea tiempo que cada uno lea la parte que le corresponde.

Empiece la lectura. Detenga a la persona que está leyendo las palabras de Jesús en la mitad del versículo 19, después de "Ya sabes los mandamientos" (VP). Pregunte a la clase:

● **¿Cuántos mandamientos pueden ustedes mencionar?** Aun cuando Jesús no menciona todos los Diez Mandamientos en este pasaje, será un buen repaso para su clase. Después de que los niños hayan mencionado todos los mandamientos que puedan recordar, dé la señal para que los lectores continúen. Concluya la lectura al final del versículo 27. Luego pregunte:

● **¿Qué le dijo Jesús al joven rico que hiciera?** (Que vendiera sus posesiones; que diera el dinero a los pobres y que le siguiera.)

● **¿Por qué se fue triste el joven rico?** (Porque era rico y no quería vender lo que tenía.)

● **¿Qué cosa era lo más importante para el joven?** (Conservar sus riquezas.)

● **¿Piensan ustedes que el joven realmente se interesaba en Jesús?** Expliquen. (Sí, porque vino a Jesús y le preguntó qué debía hacer; no, porque no hizo lo que Jesús le dijo que hiciera.)

● **¿Cómo piensan ustedes que Jesús se sintió cuando el joven se alejó?** (Triste; desilusionado.)

Diga: **La Biblia nos dice que Dios merece el primer lugar en nuestras vidas. Jesús debe haber quedado muy triste cuando el joven decidió que sus riquezas eran más importantes que obedecer y seguirle. Asimismo, no siempre es fácil para nosotros poner a Dios en primer lugar en nuestras vidas.**

SUGERENCIA AL MAESTRO

Tal vez quiera seleccionar los niños cuando vayan llegando, y permitirles que lean sus partes en Marcos 10:17-27, antes de la clase.

APLICACIÓN A LA VIDA

Dios es primero

Diga: **Pensemos en algunas cosas que nos gustan o que son divertidas, cosas que son importantes para nosotros.**

Distribuya las copias de la hoja "Dios es primero" (p. 128), tijeras y lápices de colores. Forme grupos de cuatro personas. Asegúrese de que en cada grupo hay por lo menos un niño o niña que sepa leer bien y que pueda ayudar a aquellos que todavía no saben leer, o no pueden leer muy bien, para que puedan completar la tarea.

Cada niño deberá recortar los retazos de la colcha ya completados, y decirle al resto de su grupo lo que escribió o

Si a sus estudiantes les gusta el arte, anímeles a colorear los triángulos. Considere preparar una muestra ya coloreada antes de la clase, para ayudar a que los niños visualicen cómo se verá el cuadrado concluido. Al unir los cuadrados coloreados en la pared durante la actividad de conclusión formarán un hermoso gráfico.

dibujó. Luego reúna de nuevo al grupo entero, y pregunte:

● **¿Qué cosas nuevas aprendieron respecto a las personas en sus grupos respectivos?** (A Juanita le gusta la gimnasia; a Pedro le gusta leer.)

Diga: **¡Me parece que tenemos personas realmente interesantes en esta clase! Me alegro de ver que ustedes participan en tantas cosas maravillosas.**

CONSAGRACIÓN

La cruz escondida

Diga: **Tomemos unos momentos para leer el versículo bíblico que está impreso en el centro del dibujo que recibieron.**

Pida que un voluntario lea en voz alta Mateo 6:33. Luego pregunte:

● **¿Qué les dice este versículo respecto a las cosas que anotaron o que dibujaron?** (Que no son tan importantes como Dios; que esas cosas son buenas, pero Dios debe ser el primero en nuestras vidas.)

● **¿Qué ocurre cuando el interés o afición de una persona llega a ser para ella más importante que amar y obedecer a Dios?** (Nos metemos en problemas; entristece a Dios.)

● **¿Qué más ven ustedes en este diseño, aparte de triángulos y cuadrados?** Anime a los niños a estudiar el gráfico hasta que alguien descubra que el diseño forma una cruz.

Diga: **Dios merece el primer lugar en nuestras vidas. Cuando lo más importante en nuestras vidas es amar y obedecer a Dios, entonces nuestras vidas forman un diseño precioso, con Dios precisamente en el centro.**

Pida que se formen de nuevo en los cuatro grupos, y dialoguen sobre la pregunta:

● **¿Qué quiere decir poner a Dios primero? Contesten en forma individual y personal.** (Dedicar tiempo para aprender las cosas de Dios; orar todos los días; obedecer lo que dice la Biblia.)

Anime a los niños a escribir su nombre en el centro del diseño, para indicar que se comprometen a darle a Dios el primer lugar en sus vidas.

Diga: **Ahora díganle a su grupo una cosa que harán esta semana para darle a Dios el primer lugar en sus vidas.**

Después de que los grupos hayan concluido esta actividad, reúnalos y pida que algunos voluntarios digan lo que mencionaron en los grupos pequeños.

CONCLUSIÓN

En la pared

Invite a uno de los grupos de cuatro personas a pegar con cinta adhesiva sus hojas en la pared, según se muestra en la ilustración al margen. Luego invite a los otros grupos, uno por uno, a añadir sus cuadrados. Ayude a los niños a arreglar las hojas de modo que el cuadro completo forme un diseño unido. Pregunte:

● **¿En qué les hace pensar nuestro diseño completo?** (En una hermosa colcha; que Dios nos ha unido en la iglesia así como este dibujo está unido; que todos juntos formamos un diseño hermoso.)

Muestre el cofre del tesoro.

Diga: **El joven rico tenía muchas cosas lindas en su vida. Pero debido a que esas cosas eran para él más importantes que Dios, se fue triste.** Señale el diseño en la pared. **Nosotros también tenemos muchas cosas muy lindas en nuestras vidas, pero Dios merece el primer lugar. Jesús dijo que cuando le damos a Dios el primer lugar, Dios se encargará de todo lo demás. Y eso es una promesa.**

Concluya la clase con una oración similar a la que sigue: **Señor: gracias por amarnos y llenar nuestras vidas con tantas cosas maravillosas. Por favor, ayúdanos a darte el primer lugar en nuestras vidas, y a confiar en que Tú te harás cargo de todo lo demás. En el nombre de Jesús, Amén.**

127

DIOS ES PRIMERO

¿Qué cosas son importantes para ti? En los cuadrados en las esquinas de este diseño escribe o dibuja las personas, un lugar, un pasatiempo y un interés especial que son los más importantes para ti. Si quieres, puedes pintar y colorear todos los cuadros. Luego recorta el cuadrado completo.

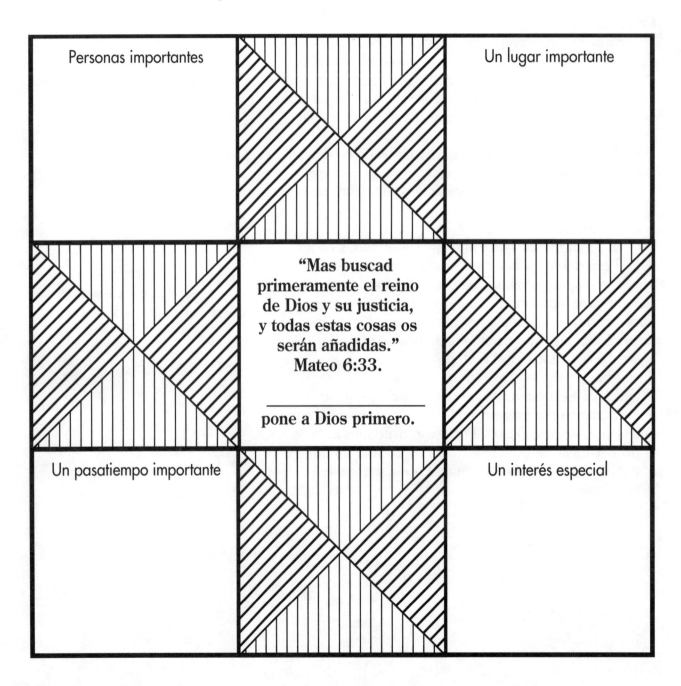

Personas importantes

Un lugar importante

"Mas buscad primeramente el reino de Dios y su justicia, y todas estas cosas os serán añadidas."
Mateo 6:33.

_____
pone a Dios primero.

Un pasatiempo importante

Un interés especial

Más semejante a Cristo

13

META DE LA LECCIÓN

Ayudar a los niños a ver que Jesús quiere que seamos como Él.

OBJETIVOS

Los niños:

- reproducirán los dibujos de sus compañeros, sin haberlos visto;
- aprenderán cómo Pedro fracasó, pero luego creció en fe;
- experimentarán mediante "entrenamiento en el discipulado" algunas maneras de madurar en la fe; y
- se comprometerán a ser más semejantes a Jesús.

BASE BÍBLICA

Lucas 22:31-34, 54-62

Estos pasajes bíblicos presentan la admirable historia de la intención de Pedro de ser leal a Jesucristo, incluso hasta la muerte, y su gran fracasó a pesar de sus buenas intenciones.

Jesús conocía las debilidades de Pedro, y dos veces profetizó claramente el inminente ataque de Satanás y el fracaso de Pedro. Entre una y otra profecía Jesús volvió a asegurarle a Pedro que oraría por él para que su fracaso no

NECESITA

- ❏ lápices
- ❏ papel
- ❏ un casete con una historia de la Biblia y una grabadora para tocarlo (si puede conseguirlo)
- ❏ copias de la hoja de ejercicios "Entrenamiento en el discipulado" (p. 138)
- ❏ tijeras
- ❏ cinta adhesiva o pegamento
- ❏ un silbato o pito (opcional)
- ❏ Biblia

fuera completo. Jesús animó a Pedro a ser fuerte, y a ayudar a los otros discípulos después de que regresara del exilio en que se colocaría a sí mismo por su fracaso.

Jesús veía todas las debilidades y limitaciones de Pedro, así como su potencial. Mostró profunda compasión y amor para Pedro al perdonarle, y con gentileza le restauró incluso antes de que la negación tuviera lugar.

Hechos 3:1-10; 4:1-20

¿Puede este intrépido portavoz de Cristo, y sanador, ser el mismo cobarde que negó al Señor tres veces? ¡Qué transformación! ¡Qué maravilloso y estimulante es ver lo que el poder de Dios puede hacer con una persona que dista mucho de ser perfecta!

COMPRENDIENDO A SUS ALUMNOS

Pedro es un héroe con el cual los niños pueden identificarse. Es el primero en hablar y el último en pensar. Sobreestima sus capacidades. Oscila como las olas. Hace grandes promesas que no puede cumplir. Desesperadamente quiere triunfar, pero con frecuencia fracasa.

Los niños experimentan todos estos sentimientos. Quieren ser ya grandes. Quieren mostrar que son responsables y tomar sus propias decisiones. Pero las buenas intenciones con frecuencia acaban en desilusión o fracaso. La madurez no ocurre de la noche a la mañana; sino que se produce mediante conflictos similares a los que Pedro experimentó. Esta lección le ayudará a mostrarles a sus estudiantes que el amor de Dios por ellos es más grande que cualquier fracaso que pudieran atravesar.

Los grandes fracasos de Pedro son seguidos por milagros incluso más grandes. Dios transformó por completo el carácter de Pedro, y le hizo un líder clave en la iglesia en Jerusalén. Los niños necesitan ver que Dios puede hacer eso con ellos también. Con Dios a cargo de sus vidas, cada bochorno o fracaso puede ser un escalón para ser más semejantes a Cristo.

Dibujos de compañeros

Distribuya papel y lápices. Pida que los niños formen parejas y que se sienten espalda contra espalda.

Diga: **La persona menor en su pareja hará un dibujo sencillo de alguna cosa: flores, una casa, árboles, o montañas, por ejemplo. Mientras va dibujando, le explicará a la otra persona, paso a paso, lo que está haciendo, sin decirle qué es lo que está dibujando. Por ejemplo, dirá: "Empiezo una línea en la mitad de la hoja. Ahora hago un círculo encima. Después bajo la línea hasta el margen de la hoja, etc." La otra persona escuchará con atención, y tratará de duplicar el mismo dibujo que está dibujando el compañero o compañera. Tienen dos minutos para hacer su dibujo. ¿Listos? Empiecen a dibujar.**

Dé la señal cuando hayan transcurrido los dos minutos. Cada pareja se turnará para mostrar a toda la clase los dibujos que hicieron. Premie a todo mundo con un gran aplauso por sus buenos esfuerzos. Luego pregunte:

●**¿Qué pensaron cuando compararon por primera vez los dibujos con los de sus respectivos compañeros?** (No son lo mismo; se parecen algo.)

● **¿Cómo les pareció tratar de duplicar el dibujo del compañero o compañera, sin poder verlo?** (Frustrante; divertido.)

● **¿Cómo les pareció el tratar de explicar lo que estaban dibujando?** (No pude explicarlo bien; no sabía cómo decir exactamente lo que estaba haciendo.)

● **¿Qué podríamos cambiar para hacer más fácil esta actividad?** (Podríamos dibujar lado a lado, en lugar de sentarnos de espaldas, de modo que cada persona pueda ver lo que la otra está dibujando.)

Diga: **Vamos a intentarlo otra vez. Les voy a dar otra hoja de papel. Esta vez, siéntese lado a lado. La persona mayor en cada pareja dibujará esta vez, y la otra persona copiará el dibujo. Tienen otros dos minutos. ¡Empiecen!**

Dé la señal cuando se acaben los dos minutos. Pida luego que cada pareja coloque sus respectivos dibujos lado a lado

SUGERENCIA AL MAESTRO

Mientras los niños están dibujando, camine entre ellos y anímelos. Tal vez quiera ayudar a los niños menores a dar las instrucciones orales a sus compañeros.

131

frente a ellos mismos. Pregunte:

● **¿Por qué este segundo grupo de dibujos son mucho más similares y parecidos?** (Porque podíamos ver lo que nuestros compañeros estaban dibujando.)

Diga: **¿Sabían ustedes que esa es una razón por la cual Jesucristo vino a la tierra? Escuchen mientras lo explico. Dios quería que la gente sea amable, así como Dios es amor. De modo que Dios le dijo a Moisés, y a otros de los profetas del Antiguo Testamento cómo quería Él que la gente viviera. Pero eso fue difícil para la gente, así como fue difícil para ustedes el hacer un dibujo siguiendo las instrucciones de sus compañeros.**

Entonces Jesús vino a la tierra para mostrarnos cómo vivir. Jesús fue un ejemplo que podíamos ver y comprender, así como ustedes pudieron ver el dibujo de sus compañeros cuando estaban sentados lado a lado. Jesús quiere que seamos como Él. Hoy vamos a hablar acerca de cómo podemos ser más semejantes a Jesús.

ESTUDIO BÍBLICO

El problema de Pedro (Lucas 22:31-34, 54-62; Hechos 3:1-10; 4:1-20)

Diga: **Nuestra historia bíblica de hoy trata de uno de los amigos más íntimos de Jesús. Jesús tenía doce discípulos, pero tres eran amigos especiales: Pedro, Jacobo y Juan. A veces Jesús llevó consigo sólo a estos tres amigos, dejando al resto de los discípulos. De modo que uno pensaría que Pedro en realidad comprendía cómo ser semejante a Jesús. Pues bien, algunas veces Pedro lo hacía muy bien, y algunas veces se desplomaba por completo. Hoy vamos a conocer a Pedro un poco mejor, dando un vistazo a lo que podría haber sido su diario. Pregunte:**

● **¿Cuántos de ustedes llevan un diario? ¿Qué cosas escriben en ese diario?** (Cosas que me suceden; lo que hago con mis amigos; las cosas por las cuales oro.)

Diga: **Oigamos lo que Pedro podía haber escrito en su diario durante la semana de la muerte y resurrección de Jesucristo.**

Lea en voz alta la sección del "viernes por la noche" en el "Diario de Pedro," (pp.134-135) luego haga una pausa y pregunte:

SUGERENCIA AL MAESTRO

Considere pedirle a algún varón que grabe con expresión dramática el "Diario de Pedro" en una cinta o casete, para poder tocarlo en su clase. Otra alternativa sería pedirle a algún varón adulto que lea dramáticamente el relato ante la clase.

132

● **Basándose en la historia que acaban de oír, ¿qué palabras usarían ustedes para describir a Pedro?** (Un fracaso; cobarde; jactancioso; no cumplió lo que prometió; decepcionó a sus amigos.)

● **¿Qué opinión piensan ustedes que tenía Jesús en cuanto a Pedro en este punto?** (Jesús todavía lo amaba; Jesús se sintió decepcionado con él; Pedro hirió los sentimientos de Jesús; Jesús aún se interesaba por él y oró por él.)

● **Si ustedes hubieran estado en los zapatos de Pedro, ¿qué hubieran hecho cuando los soldados y sacerdotes vinieron para arrestar a Jesús?** (Hubiera salido corriendo; hubiera tratado de luchar.)

● **¿Quién puede decirnos de alguna ocasión cuando se sintió como Pedro debió sentirse después de haber dicho que no conocía a Jesús?** (Cuando rompí el florero favorito de mi mamá; cuando le dije a mi amiga predilecta que me desquitaría por lo que me hizo.)

Diga: **Todos tenemos ocasiones cuando nos desmoronamos por completo. No somos perfectos. Pero Dios nos ama de todas maneras. Algunas veces Dios usa inclusive nuestros fracasos para enseñarnos cómo ser más semejantes a Jesús. Oigamos la sección del diario imaginario de Pedro, titulada "Dos meses más tarde."**

Lea en voz alta el último segmento de la historia bíblica, y luego pregunte:

● **¿Qué palabras usarían ustedes para describir a Pedro ahora?** (Valiente; fuerte; hacía milagros; semejante a Jesús.)

● **¿Por qué es este Pedro tan diferente?** (Jesús lo perdonó; el Espíritu de Dios le ayudaba; tenía más fe porque Jesús había resucitado.)

Diga: **Lo maravilloso es que Dios nunca se da por vencido en cuanto a nosotros. Cuando le entregamos nuestras vidas a Dios, podemos confiar en que Él nos hará más y más semejantes a Jesús. Eso no quiere decir que seremos perfectos, pero sí quiere decir que seremos mejores cada vez más. Y eso alegra a Jesús, porque Jesús quiere que seamos como Él, que seamos semejantes a Él.**

SUGERENCIA AL MAESTRO

Tal vez usted quiera estimular el diálogo relatando una historia de su propia vida cuando usted decepcionó a alguien, o se sintió como un fracaso completo.

El diario de Pedro

Viernes en la noche

Las últimas 24 horas han sido las más terribles de toda mi vida. Estoy tan confundido. Todo empezó cuando nos reunimos con Jesús para comer la cena pascual. Él estaba callado y triste. Nos dijo que pronto sufriría mucho y que se iría de nosotros. Luego me dijo que me vendrían pruebas y que Él había orado para que yo no perdiera mi fe.

Yo le dije: "Jesús: Por ti yo iría hasta la cárcel, y hasta la muerte si fuera necesario." Pero Jesús respondió: "Antes de que el gallo cante, tres veces dirás que no me conoces."

No podía creerlo. Jamás haría yo algo así; o al menos pensaba que nunca lo haría.

Después de la comida salimos de la ciudad y nos fuimos al Monte de los Olivos. Jesús se separó un trecho para orar, y nos pidió que oráramos con Él. Pero nos quedamos dormidos.

Entonces, antes de que supiéramos lo que ocurría, Jesús estaba despertándonos. Soldados y sacerdotes vinieron y arrestaron a Jesús. Yo empuñé mi espada y le corté la oreja a uno de los criados. Pero Jesús me dijo que guardara mi espada. Luego sanó la oreja del criado.

Mientras se llevaban a Jesús, todos salimos corriendo por todos lados. Yo seguí a Jesús de lejos. Lo llevaron a la casa del sumo sacerdote. Los soldados encendieron una fogata en medio del patio, y yo me puse cerca para calentarme. Podía ver lo que le estaban haciendo a Jesús; fue terrible. Le golpearon y se mofaron de Él. Yo no sabía qué hacer.

Una criada pasó y dijo señalándome: "Este hombre estaba con Jesús."

"Ni siquiera le conozco," repliqué.

Luego otra persona dijo: "Tú eres uno de sus discípulos."

"No, no lo soy," respondí. Tenía miedo de que los soldados me arrestaran a mí también.

Como una hora más tarde otro hombre dijo: "Tú estabas con Jesús; eres de Galilea."

"¡No sé de qué estás hablando!" le grité.

En ese preciso momento cantó el gallo. Jesús volvió su cabeza y me miró. Sus ojos demostraban profunda tristeza. Salí corriendo del lugar, y lloré toda la noche.

Hoy crucificaron a Jesús. Él está muerto. Mi vida está hecha pedazos.

Dos meses más tarde

Tanto ha ocurrido desde aquel terrible viernes cuando Jesús murió. Él resucitó el domingo, y se nos apareció varias veces. Me perdonó por haberle negado y me pidió que le ayudara a cuidar de su pueblo.

Entonces un día mientras estábamos hablando con él en la cumbre de una montaña, Jesús ascendió al cielo. Los ángeles nos anunciaron que Jesús volverá un día.

Nosotros regresamos a Jerusalén para orar por el Espíritu Santo que Jesús había prometido. Un día, mientras orábamos juntos, el Espíritu Santo llenó el salón. Salimos y empezamos a predicarle a la gente en Jerusalén. Muchas personas creyeron en Jesús.

Un día Juan y yo fuimos al templo para orar. Un hombre que no podía caminar nos pidió limosna. Le dije: "No tengo plata ni oro, pero te doy algo que sí puedo darte. Por el poder de Jesucristo de Nazaret, levántate y anda." Y así lo hizo.

Eso atrajo una gran multitud de gente, de modo que también les hablamos de Jesús. Los sacerdotes se enojaron mucho, los mismos sacerdotes que habían matado a Jesús. De modo que nos arrastraron fuera del atrio y nos dijeron que no volviéramos a predicar en cuanto a Jesús.

Pero nosotros les dijimos: "¿Debemos obedecerles a ustedes o a Dios? No podemos quedarnos callados. Debemos decir lo que hemos visto y oído."

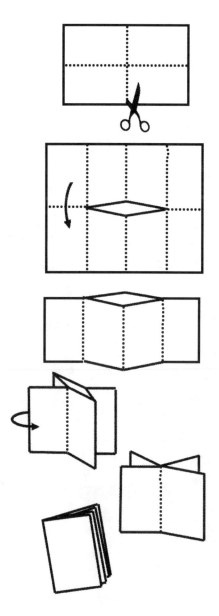

Entrenamiento en el discipulado

Diga: **Hagamos algo divertido para ver cómo ser más semejantes a Jesús. ¿Puede alguien explicar que quiere decir entrenarse? Entrenarse quiere decir hacer algunos ejercicios que fortalecen el corazón, los músculos y los pulmones. Hoy vamos a hacer una clase diferente de entrenamiento. Nuestro entrenamiento nos mostrará cómo ser más semejantes a Jesús. Tendremos cuatro estaciones distintas. En cada estación ustedes aprenderán una manera de ser más semejantes a Jesús.**

Distribuya las copias de la hoja "Entrenamiento en el discipulado" (p. 138), tijeras y cinta adhesiva o goma (pegamento). Demuestre cómo doblar la hoja por las líneas punteadas, y recortar las líneas sólidas. Luego muestre a los niños cómo sostener el papel a lo largo, sostener firmemente los extremos, y halarlos juntos. Las secciones alrededor del corte empujarán hacia afuera para formar un librito de ocho páginas. Pegue con la goma o con la cinta adhesiva la parte de arriba y del centro del librito, de modo que se quede parado. Pregunte:

● **¿Qué ven al mirar este librito desde arriba?** (Una cruz.)

Diga: **Veamos qué nos enseña este librito de entrenamiento acerca de cómo ser más semejantes a Jesús.**

Si tiene una clase relativamente pequeña y con espacio limitado, tal vez quiera recorrer los cuatro pasos del librito de entrenamiento con el grupo entero.

Si tiene un grupo numeroso y suficiente espacio, considere formar cuatro grupos, y preparar cuatro estaciones. Coloque una Biblia en la Estación 1. Designe un líder para cada grupo, para que lea y dirija la actividad en cada estación. Haga sonar un silbato o pito cada dos o tres minutos, y pida que los grupos giren en sentido de las manecillas del reloj, encaminándose a la próxima estación.

Después de que los niños han recorrido todas las cuatro estaciones, reúnalos nuevamente en un solo grupo, y diga: **¡Buen trabajo! Aprender a ser más semejantes a Jesús puede ser divertido.**

CONSAGRACIÓN

Tiempo de entrenamiento

Ayude a que los niños formen parejas.

Diga: **Observen con su compañero o compañera las cuatro páginas del librito de entrenamiento. Digan a su compañero o compañera cuándo van a hacer esta semana las cosas que dice el librito. Luego estréchense la mano como señal de que se proponen realizar este entrenamiento esta semana.**

CONCLUSIÓN

Oración en cruz

Pida que los niños se formen en dos filas que se crucen, formando una cruz. Concluya con una oración similar a la que sigue: **Querido Jesús: Gracias por ser nuestro ejemplo. Gracias por ser paciente con nosotros así como tuviste paciencia con Pedro. Por favor, ayúdanos a ser más semejantes a ti cada día. Amén.**

ENTRENAMIENTO EN EL DISCIPULADO

Estación 4

Cuando tomas una decisión, pregúntate: "¿Qué haría Jesús?" Empieza un diario (en palabras, dibujos, o ambas cosas) que cuente las ocasiones en que tratas de hacer lo que Jesús haría. Si enfrentas alguna decisión difícil, pídeles a otros que te ayuden a orar por ese asunto.

Estación 1

Lee, (o pida que alguien te lea) historias de la vida de Jesús, en Mateo, Marcos, Lucas o Juan. Después de que hayan leído una historia, hazte estas preguntas:

● ¿Cómo se ve a Jesús en esta historia?
● ¿Qué puedo hacer yo para ser como Jesús? Empieza con la historia de Marcos 10:13-16.

Estación 2

Conversa con Jesús todos los días en oración. Algunos días eleva esta oración que Jesús les enseñó a sus discípulos: "Padre nuestro que estás en los cielos, santificado sea tu nombre.

Venga tu reino. Hágase tu voluntad, como en el cielo, así también en la tierra.

El pan nuestro de cada día, dánoslo hoy.

Y perdónanos nuestras deudas, como también nosotros perdonamos a nuestros deudores.

Y no nos metas en tentación, mas líbranos del mal; porque tuyo es el reino, y el poder, y la gloria, por todos los siglos. Amén." (Mateo 6:9-13).

Estación 3

Busca una ocasión para animar a tus amigos y a tu familia. Cuéntales cómo estás creciendo en la fe y llegando a ser más semejante a Jesús. Usa las siguientes frases para empezar.

● (Nombre de la persona), veo a Jesús en ti (usted) cuando . . . .
● Doy gracias a Jesús por ti (usted) por cuanto . . . .

Diario

OTROS RECURSOS DINÁMICOS E INNOVADORES PRODUCIDOS POR EDITORIAL ACCIÓN

POR QUÉ NADIE APRENDE MUCHO DE NADA EN LA IGLESIA Y CÓMO REMEDIARLO
Por Thom y Joani Schultz

Este libro insta a un cambio radical en la educación cristiana, muestra por qué se necesita y cómo hacerlo. No se trata de curas rápidas, sino de métodos probados que enfocan en el aprendizaje, no en la enseñanza.

SERIE: ESCOJA Y SELECCIONE
• IDEAS DINÁMICAS PARA EL MINISTERIO CON LOS NIÑOS

Un recurso indispensable para maestros de Escuela Dominical y laicos. Incluye más de 150 actividades fáciles de realizar en la Escuela Dominical u otras reuniones de niños.

• IDEAS DINÁMICAS PARA REUNIONES DE JÓVENES

El mejor recurso disponible para los que trabajan con adolescentes y jóvenes. Más de 150 ideas creativas, incluyendo devociones breves, ideas para el diálogo activo, actividades introductorias, juegos y mucho más.

LAS 13 LECCIONES BÍBLICAS MÁS IMPORTANTES PARA JÓVENES Y ADULTOS

Trece reuniones para adolescentes, jóvenes y adultos sobre los temas básicos de la fe cristiana. Incluyen planes paso a paso, hojas de ejercicios, y preguntas para estimular el diálogo activo.

LECCIONES BÍBLICAS ESPECIALES PARA LA ESCUELA DOMINICAL
Por Lois Keffer

Programas bíblicos creativos para clases de niños de 4 a 12 años, diseñados para promover el aprendizaje activo. Perfectos para iglesias pequeñas, iglesias con espacio limitado, o congregaciones que desean una variación dinámica en su programa regular de enseñanza en la Escuela Dominical.

SERIE: PROGRAMAS BÍBLICOS ACTIVOS

Cuatro estudios bíblicos, de cuatro semanas de duración cada uno, que estimulan a los adolescentes y jóvenes a dialogar, aprender, y explorar la Palabra de Dios. Todo lo que un maestro o líder necesita para realizar una clase con éxito: guía completa para el maestro, hojas de ejercicios, materiales de publicidad e ideas adicionales.

• EL SEXO: UNA PERSPECTIVA CRISTIANA
• LAS PELÍCULAS, LA MÚSICA, LA TELEVISIÓN Y YO
• LAS RELIGIONES FALSAS
• LAS DROGAS Y LAS BEBIDAS ALCOHÓLICAS

Disponibles en su librería cristiana local.
En los Estados Unidos y Puerto Rico llame gratuitamente al teléfono 1-800-447-1070.
Editorial Acción, Box 481, Loveland, Co 80539, EE.UU